「あんな先生になりたい」

自分はどうやって授業力を高めようとしてきただろうと振り返った時，「教師の器は3年で決まるから，3年間は我武者羅にやりなさい」と大学時代にお世話になった退職校長の言葉を思い出した。初任校では，学級通信をほぼ毎日出したり，学校のブログを毎日更新したり……色々なことに時間をかけていた。最近の働き方改革の流れとは，真逆なことをしていたとも思うが，苦しくも熱心に打ち込んだことで，教員の仕事の楽しさを見いだせたのだと思う。

教員2年目，当時30代前半のメガネ先生が異動してきた。当時の校長から「算数を研究していてお手本になる先生が来るよ」と聞き，期待を膨らませていた。子どもと関係が近く，学級の子どもたちは生き生きしている。もちろん算数の授業も衝撃的だった。子どもたちがよく話し，楽しそうに学習している。先生は面白い教材を考え，授業中も常に褒めている。板書もイラストも上手い。教員バレーもサッカーもエースで，何でもできる本当に魅力的な先輩だった。

メガネ先生には，仲のいい同年代のD先生がいた。私がD先生と初めて会ったのは学校近くの居酒屋。筑波算数部OBの正木先生とメガネ先生，D先生3人の飲み会に同席させてもらった。2人は互いの良さを認め合い，切磋琢磨しているライバル関係に見えた。当時は同世代で算数やプライベートまで語り合う存在は少なかったからこそ，その関係が羨ましく思えた。30代になったらあんな先生になりたいと思い，先輩の背中を追って，いろいろな研修や研究会に積極的に参加するようになった。「そんなに生き急いで，早死するよ」と言われたことも懐かしい。教師の魅力，授業の面白さ，もっと授業が上手くなりたいという思いは，その先輩方との出会いが大きかった。

研究を続けていくと同世代に，算数やプライベート，悩みや愚痴を語り合える仲間ができた。熱意溢れる若い先生にも多く出会い，その当時の先輩の年齢は，あっという間に過ぎてしまった。学ぶ刺激を与えてくれた理想とした先輩の姿と自分は程遠く，今もなお魅力的な先輩であり続けている。

年代によって，できることも大事にしたいことも徐々に変わっていく。自分の子どもも小学生になり，保護者の思い等，若い時には見えなかった先輩方やベテランの先生方からの景色が少し分かるようになった気がするし，まだまだ辿り着けない世界がある。当時の学習指導案や板書の写真，学級通信などを読み返してみると，今の自分にはない熱さを感じた。我武者羅にやっているのか？　何のために教員をやっているのか？　算数を通して，子どもにどうなってほしいのか？　昔は簡単に答えていたことを，今改めて問われていると難しい。ただ，「もっと成長したい」という思いだけは今も変わらない。

141号編集担当　田中英海

算数授業力を高めるポイント36

—— 画一化から脱する個別最適な教師の学び

田中英海

1 個別最適な教師の学びが求められている

　昨今の社会的な変化に対応するために，新しい教育のキーワードが色々と打ち出されている。140号では「個別最適な学び」「個を大切にした授業」を特集し，子どもの学びの視点から授業づくりに焦点をあてた。こうした時代の流れにおいては，子どもの学びだけでなく，教師の学びも変化が求められるようになってきている。

　令和3年11月には，「『令和の日本型学校教育』を担う新たな教師の学びの姿の実現に向けて」の審議のまとめが出された。高度な専門職として学び続ける教師が求められ，教師自身の個性に即して強みを伸ばしていく必要が示されている。研修や研究会に参加して知恵や知識を得るだけではなく，自らの日々の経験や他者から学ぶといった「現場の経験」を重視した教師一人一人の個別最適な教師の学びを推進する共に，他の教員との対話や振り返りなどの機会を設定して個別最適な教師の学びが孤立した学びにならないように，個と協働の両輪を回していくことが重要とされている。

2 若手とベテランの協働

　全国的に若手教員が増加していると言われるが，地域によっては，まだまだ若手教員は少ない状況があるようである。

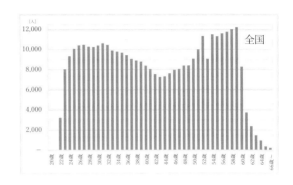

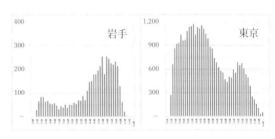

小学校 年齢別 本務教員数 （学校教員統計調査, 2019）

　近年は，書籍よりもインターネットやSNSで教育の情報を入手したり，板書を共有したりするなど，教師の学び方にも変化が見られるようになってきている。時代の変化とともに変わっていく学び方もあれば，変わらず大事にしていきたい学び方，教師の成長のポイントがあるのではないかと思う。

　教員一人一人の授業力を向上させる，学び成長する力を付けるためには，やはり日々の授業の中から自ら学び，実践の中から知を構築していく力を付けることが，変わらず重要といえるだろう。

③ 日々の実践から授業力を高める

　では，日々の授業をよりよくするために，どんなことを意識し取り組むべきだろうか。教材研究の仕方，単元や授業の構想，授業での発問やかかわり方，子どもの見取りや評価，授業後のリフレクションなど意識すべきものは多岐にわたる。また，個々の教師によって，その重点や方法は異なるだろう。どのように授業力を高めていくのか，教師の学びや成長の術を知る機会や語り合う機会は多くはなく，自分に合った学び方をつかむまでに苦労する教員も多いと聞く。そこで141号では，不易と流行を意識しながら授業力を高めていく視点を得るために，次のような企画をたてた。

④ 学び方の視点を得る

◆ 算数授業力を高めるポイント36

　授業前・授業中・授業後＆授業外に分けて，授業力を高めるポイントを整理した。指導技術の How to で留まらずに，普段から意識して取り組んでいることや，どんなことを考えて判断しているのかなど，教師の成長につながる学びの視点や方法について，本校算数部やその分野を先進的に実践している先生に執筆してもらった。

◆ インタビュー：授業名人と呼ばれるまでに授業力をどう高めてきたのか

　本校算数部 OB の3名，細水保宏先生，田中博史先生，山本良和先生にインタビューを行った。3名の先生の授業を見て，憧れた先生も多いのではないだろうか。子どもや先生方を魅了する授業ができるようになるために，どのように授業力を高めてきたのか。また，現在，管理職や現職教員を育てる立場としてどのような働きかけをしているのか語ってもらった。

◆ 座談会：若手教員が増える自治体で，授業力を高めるには

　各地域や学校で算数の授業研究を推進している先生方に集まってもらい，座談会を行った。本誌を購読の先生は，教員歴数年の若手の先生もいれば，研究や研修を推進している中堅，ベテランの先生方もおり，それぞれの年齢，立場，地域の実態によって，困っているポイントが違うこともあるようだ。授業について語り合う仲間を地域でどう作って来たのか，県外の研究会などに参加を続ける魅力は何か。それぞれの先生方が授業力を高めるために行ってきたことを伺った。

◆ 「算数授業研究」誌を活用する

　グラビアページでは，お勧めの「算数授業研究」誌をピックアップした。算数を深めてみたい，実践に活かせそうなど興味のある号を探して，ぜひ読んでいただきたい。

　授業力を高めるために自分でどんなことができるか。仲間とどうつながり，どう高め合っていくかなど，先生方の日々の学びの視点を得られる1冊となれば幸いである。

【参考・引用文献】
文部科学省（2021）.「令和の日本型学校教育」を担う新たな教師の学びの姿の実現に向けて（審議まとめ）.
文部科学省（2019）. 学校教員統計調査.

敬意をもって積極的な活用を

青山尚司

1 先行研究とは

　先行研究とは，自身の研究テーマと同じ分野で先に発表されている研究のことである。先行研究を調べることで，それらの知見を参考にして自身の研究を深めるだけでなく，自身の研究のどの部分に新しさや価値があるのかを明らかにすることができる。

　まずは，研究テーマに近い先行研究を集め，それらが本当に正しいのか，矛盾点や論理の飛躍がないか，疑問点を探しながら批判的に読むとよい。そして，先行研究同士の共通点や相違点をまとめ，論点になりうる内容や，先行研究では解決しなかったことを見出し，自身の探究テーマにつなげるのである。

2 具体的な方法

　ここでは，先行研究を探す比較的容易な方法について以下に記す。

（1）教科書・指導書

　教科書は，たくさんの優れた先行研究を吟味しながら編集されている。教科書やその指導書にある題材や展開と，自身の授業におけるそれらとの差異を明らかにすることは，教材研究の第一歩といえる。検定教科書は6社があるので，学校で使っている教科書以外の5社の教科書にも目を通すことをお勧めする。多くの教科書で同じ扱いであれば，それが一般的になされている指導といえるからである。

（2）学力調査に関する記述

　例えば，「全国学力・学習状況調査」の報告書がある。そこには，全国の児童の正答率や誤答の類型が問題と併せて詳細に記されている。児童にとって何が課題となっているかという一般的なデータを比較的容易に手に入れることができる。また，報告書に示されている授業改善案も先行研究として参考になる。

（3）学会誌，雑誌，書籍

　例えば，日本数学教育学会が編集している，「算数教育」という学会誌がある。そこに掲載されている論文は，審査を経て研究としての価値を評価されたものであり，先行研究として一読しておく価値がある。

　また，本誌「算数授業研究」のような雑誌は，現場の先生方が明日の授業をどうするかを悩んだときに有益な情報をできるだけ発信していこうという意図で編集されている。

　学会誌の論文や，雑誌の原稿を読んで優れた研究者に出会ったら，その著書を探し，より深く学ぶことも考えられる。

3 先行研究への敬意を忘れずに

　近年は，Facebook や Instagram，YouTube などで実践を配信する先生が増え，インターネットを活用して先行研究を簡単に入手することもできるようになってきた。しかし手軽であるため，その情報の著作権が軽視されてしまうことが危惧される。研究実践を公開する際には，先行研究に対する敬意をもって，引用・参考文献として著者名とともに明記することを忘れないようにしたい。

教科書教材をアレンジして豊かな授業をつくる

盛山隆雄

1 教科書教材をアレンジする目的

何のために教科書教材をアレンジするのかを意識しておくことが大切である。

① よりよくねらいを達成するため
　⇒ 数学的活動を通した授業づくり。

② 子どもの意欲を喚起するため
　⇒ 学びに向かう力の育成。

③ 深い学びを実現するため
　⇒ 思考力・判断力・表現力の育成。

2 教科書教材のアレンジの方法

教科書教材をアレンジする方法の具体をいくつか紹介する。

① かくす

問題の数値を□にしたり，問題に使う数表や図，場面や条件の一部をかくしたりして，子どもたちに考えさせる。既習から未習という流れを作ったり，問題解決の着眼点を自然に見出させたりすることができる。何より，子どもにとって，対象が見えないという状況は，気持ちがわくわくするようである。

② オープンエンドの問題にする

例えば，「11－5はいくつ？」から，「答えが6になるひき算の式を見つけよう」という問題に変更する。答えが多様にある問題である。それだけでも楽しめるが，作った多様な式から，ひき算の性質を見出すところまでねらう。計算の習熟だけでなく，計算の性質を見出すところまでねらえるのがこの「オープンエンドの問題にする」というアレンジである。

③ミスコンセプション（誤概念）を生かす

子どもたちが間違いやすい問題をあえて扱い，間違った見方や考えを引き出す。そして，どこが間違いなのか，どうしてそう見てしまったのかなどを分析して，意味理解を深める授業である。

「16個のブロックを使って長方形の花壇を作りました（縦に3個，横に5個のブロック）。面積を2倍にするには，ブロックがあと何個必要ですか」

思わずあと16個と言ってしまいそうな問題。4年生で，周りの長さと面積の関係を理解する問題である。

④求答事項を変える

1，2，3，4の数字カードを並べて4桁の数を作ります。「4桁の数は何通りできますか」が普通の求答事項だが，「18番目の数はいくつですか」と問えば，子どもは順に書き上げなくてはならなくなる。形式的に計算で求める子どもの姿ではなく，順に書き上げていく姿をねらうなら，上記のような教科書教材のアレンジをすることが大切である。

日々の授業を改善するために，教科書教材をいかに利用するかを考えるのは必要なことである。それによって教材研究も進むことになる。

既習となる適切な学習を
意図的に仕組む

大野　桂

　教科書は，知識・技能や考え方に極端な飛躍がおこらないよう，綿密に練られた系列で学習内容が配置されている。

　しかし，その系列に従っていれば，どの子ども知識・技能，考え方が促進し，理解ができるかといえば，そこには一考の余地がある。

　例えば，1年「繰り下がりのあるひき算」で考えてみる。繰り下がりのあるひき算は，減々法と減加法の2つの計算の仕方を考え，見出すことが目的となる。

減々法	減加法
$13 - 4$	$13 - 4$
$= 13 - 3 - 1$	$= 10 + 3 - 4$
$= 10 - 1$	$= 10 - 4 + 3$
$= 9$	$= 6 + 3$
	$= 9$

　そして，繰り下がりのあるひき算の既習となる学習が，「10－いくつ」のひき算である。その学習で，「10の合成・分解」を活用し，「10－いくつ」の容易さを感じさせたうえで，繰り下がりのひき算に臨む。

　「10－いくつ」が既習になるのはよいとして，減々法・減加法という2つの計算方法そのものを考え付くに至る既習が実はない。だから，実際に授業では，子どもが減々法・減加法を考え付くことができず，結局は教え込むことになる実態がよくある。

　そこで，減々法・減加法を学習する前に，次に示す学習を挟んではどうだろう。

リンゴが2つのお皿に，
9個と4個のっています。
6個食べたとき，のこり
はいくつでしょう。

　この学習により，子ども達からは次の減々法・減加法が表出する。

減々法：まずは4個の方を食べきって，あと
　　　　残り2個を9個の方から食べます。

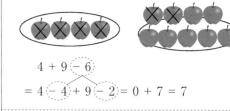

$$4 + 9 - 6$$
$$= 4 - 4 + 9 - 2 = 0 + 7 = 7$$

減加法：9個のお皿の方から6個すべて食べ
　　　　て，それぞれの残りを合わせます。

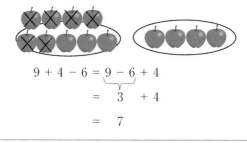

$$9 + 4 - 6 = 9 - 6 + 4$$
$$= \quad 3 \quad + 4$$
$$= \quad 7$$

　この学習は，子どもから減々法・減加法が必ず引き出される。これが既習にあれば，繰り下がりのあるひき算において，主体的に減々法・減加法が見出されるだろう。

　子どもの実態に応じ，教科書にはない既習となる学習を仕組むことも大切である。

授業力を
高める
ポイント
04

クラスの子どもの反応をイメージしながら教材研究

中田寿幸

子どもの発達段階に応じて授業前の教材研究をどのようにしているのか。

普段の授業であれば，教科書を見て，指導書を見て目標を確認する。なぜなら目標はその学年の子どもの発達段階を踏まえたものになっているので，目標からその学年の発達段階が見えてくる。

ところがクラスの子どもたちのできないところには担任は目が行ってしまう一般的な発達段階と比べて「まだそこまで到達していないな」「こんなところまで教えるのか」などと思うときがある。そんなときは悲観していても仕方がない。目の前の子どもたちの発達の段階に応じて教材研究をしていく必要がある。

教科書や指導書は全国の教室で使われているものなので，クラスの子どもたちの多くの実態に合っているのだろう。しかし，どの子にも合っているというものではない。目の前の子どもたちの発達の段階を踏まえて教材研究できるのは，日々子どもと一緒に生活している担任の先生が一番である。

クラスの子どもたちの中にも差がある。分かる子もいれば，よく分からない子もいる。

私が若いころ，クラスに筆圧が弱くて，文字が上手に書けないA子がいた。かけ算の筆算の学習をしていて，どうしても繰り上がりの補助数字を小さく書けない。

結果，自分で書いた補助数字がよく読み取れずに，正答にたどり着かないでいた。そこで，補助数字を書く位置をプリントに示しながら，枠の中に補助数字をかけるプリントを用意した。すると，補助数字を書く場所が一定になり，大きさを意識してA子は書けるようになった。A子だけでなく，他の子にとっても助けとなり，クラスの正答率がぐんと上がっていった。

4年生の複合図形の面積を求める問題を提示する際，長さをどこまで示すかで悩んでいたこともあった。

・長さを直接数値で示すか。

・方眼紙の上に複合図形を載せ，どこの辺の長さも方眼を数えればわかるようにするか。

・複合図形の内側だけ方眼を示すか。

・複合図形の周りだけに方眼を示すか。

教材を考えるとき，私はクラスの中の特徴的な子どもを思い浮かべる。

飽きやすいB男の興味を引く提示はどうするか。ものを操作して考えさせたいC子が操作なしでも考え続けられるようにするにはどうするか。算数を苦手にしている子の反応をイメージすることが教師の教材研究の腕を上げてくれる。

一般的な発達段階にとらわれ過ぎずに，目の前にいる子どもの反応をイメージしながら，教材に工夫を加えていく。これが子どもの発達の段階に応じた教材研究のポイントと考えている。

授業前の授業力を高める！

算数・数学につながる価値観

東京都荒川区立第一日暮里小学校　石川大輔

1 算数・数学につながる価値観

　日常事象を生かした算数教材を開発するポイントの一つとして「算数・数学につながる価値観」というものがある。ここでいう価値観とは，「数学や社会に対して児童がどういう価値を認めるかという判断の基準」である。この価値観は算数における問題の発見や解決，そして問題を解決した後の意味付けや活用に深くかかわって働く。

2 価値観の分類

　島田氏（2017）の研究を基に分類した算数・数学につながる価値観の例は次の通りである。

算数・数学につながる価値観 （意味）	引き出したい児童の目的意識や問い
a 公平性・平等 （皆等しく、偏りがなく行う）	「公平にしたい」「不公平だ」 「平等にしたい」「平等にできないかな？」
b 責任性 （責めをもって行う）	「納得できるようにしたい」 「説得できるかな？」
c 持続性 （保ち続ける）	「ずっと〜したい」「もっと続かせたい」 「ずっと続けられないかな？」
d 安全性 （危険がなく安心である）	「安全に〜したい」「危険をさけたい」 「なぜ、こんな問題が起きるのかな？」
e 多様性 （いろいろな種類や傾向がある）	「もっといろいろな方法でしたい」 「それだけしかないのかな？」
f 協調性 （他者とうまくやっていこうとする）	「多くの人と〜したい」 「一緒にやるにはどうすればいいかな？」
g 公共性 （みんなにとってよりよいものする）	「みんなにとってよりよく〜したい」 「みんなが〜できるようになるかな？」
h 経済効率性 （少ない消費で多く生産する）	「効率よく生産したい」「効率よく消費したい」 「より効率よく〜できるかな？」
i 快楽性・愉悦性 （喜び楽しむ）	「楽しく〜したい」 「楽しく〜できるかな？」
j 思いやり （相手のために気遣う）	「…のために〜したい」 「…のために〜できるかな？」
k 審美性 （美しくあるようにする）	「美しく〜したい」「きれいに〜したい」 「美しく〜できるかな？」「なぜ美しいか？」
l 普遍性 （全ての物事に通じる）	「どんな場合でも〜できるようにしたい」 「いつでもできるようにするにはどうしようか？」
m 合理性 （理に適い、無駄なく効率よく行う）	「無駄なく〜したい」「筋道立てて〜したい」 「無駄なく〜するにはどうする？」
n 簡潔性 （要領を得て簡単に行う）	「簡単に〜したい」「わかりやすく〜したい」 「簡単に〜できるかな？」
o 明瞭性 （はっきりさせる）	「はっきり〜したい（させたい）」「確かにしたい」 「はっきりさせるにはどうする？」
p 正確性 （正しく確かなものにする）	「正確に〜したい」「間違いがないようにしたい」 「正確にするにはどうすればいいかな？」
q 発展性 （広げて進める）	「〜を変えて考えたい」 「新たに〜できないかな？」

3 教材の具体

　このような価値観を基に開発した日常事象を生かした算数教材を全て紹介したいのだが，本稿では次の３つを紹介する。

（1）最高裁判所へ行こう［6年］

　西日暮里駅から最高裁判所までの経路を決める

【表出される価値観】

　安全性・経済効率性・公共性・合理性

【児童の問い・目的意識】

「より良い行き方って何だ？」

（2）輪投げゲームの難易度を決めよう[3年, 6年]

　１年生との交流会で行う輪投げゲームのクリア回数を決める

【表出される価値観】

　公平性・平等・協調性・思いやり・快楽性・愉悦性

【児童の問い・目的意識】

「１年生が楽しめる妥当なクリア回数は何回だ？」

（3）リレーのチーム分けをしよう［5年］

　体育の授業で行うリレーのチーム分けをする

【表出される価値観】

　公平性・平等・責任性

【児童の問い・目的意識】

「競技を公平に行うには，どのようにチームを分ければいいか？」

【参考文献】島田功著（2017）．算数・数学教育と多様な価値観—社会的オープンエンドな問題による取組み—，東洋館出版社.

算数を活用する総合的な学習の時間への接続

盛山隆雄

1 STEAM教育とは

STEM（ステム）とは，「S:Science, T:Technology, E:Engineering, M:Mathematics」のことで，STEM教育はこれら4つの内容を横断的に学び，IT社会とグローバル社会に適応した国際競争力を持った人材を多く生み出すことを目的として教育である。さらに，芸術（Art）を入れたSTEAMや，教養（Liberal Arts）の意味のAを取り入れたSTEAM，ロボット工学（Robotics）を取り入れたSTREAMなど多様に存在する。

2 子どもが見出した課題を追究するために算数を活用する

本校では，総合活動（一般に言う総合的な学習の時間）において，「STEM⁺総合活動」を研究している。端的に言えば，子どもが設定した課題を，STEMを活用して探究する活動である。「＋」という記号は，子どもの知的好奇心や意欲を意味している。

例えば，ある5年生のクラスでは「お笑いを科学する」というテーマを設定し，喜劇を作ることを目指した。そのために，吉本新喜劇を観劇し，その後座長にまで来校していただき授業を受けた。お笑いを作るには，1.「常識的な振り（言動）」　2.「常識外れのボケ」　3.「即座のつっこみ」が基本にあることを学んだ。

それから，吉本新喜劇，漫才，コント，落語をVTRで視聴することで，次のような笑いづくりの観点を見出した。

ア．言葉のボケ（例　反対のことを言う。言い間違え。タイミングを変える。）

イ．動作のボケ（例　扉を蹴って開ける。高速で歩く。店員が商品を食べる。）

ウ．劇の中でのコント（例　一人でボケとつっこみ。登場人物のものまね。）

エ．決まったギャグ（例　じゃまするなら帰ってや。ローテーショントーク。）

オ．ダジャレ

カ．急なテンションの変更

キ．同じ笑いを繰り返す

ア〜キの観点から，吉本新喜劇のある場面を分析したものが次のグラフである。

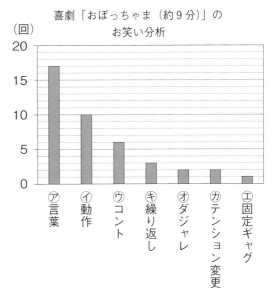

喜劇「おぼっちゃま（約9分）」のお笑い分析

言葉によるボケの回数が極端に多かった。この結果を受け，さらに言葉のボケの中身を統計的に調べる展開になった。

出てきた見方・考え方を，もう一度働かせる場面をつくる

田中英海

1 何に着目させるとよいか？を捉える

　見方・考え方は，子どもが本来もっているものだ。まずは問題を子どもの既習事項を意識しながら解いてみる。例えば，4年「立方体の展開図」を考える学習では，2年「はこの形」をもとに，面と面のつながり方や組み立て方を想像して6つの面をかいていく。さらに展開図が何種類あるか考えていく。基本となる1つをかいた後，1つの面を移動していくことで落ちや重なりなくできるなど働かせたい見方・考え方を洗い出す。しかし，始めは見方・考え方を働かせられない子がいる。何に着目させると自然と見方が引き出されるのか，そう考えるよさを明らかにしていく授業構成を考えていく。

　よさを明らかにしていくためには，そうでない反対の状況を取り上げるといい。立方体の展開図では，整理ができていない状況にして他にもありそうだなと思わせる場面を作ることで，面を順番に移動するような筋道立てた考え方を引き出すことができる。また，問題を発展的に考える流れを構成したい。一度働かせた見方・考え方を次に意識的に活用することができる。

2 追体験する検討，発展で活用する

　立方体の展開図は11種類だったね……と少し待つと「直方体の展開図は何種類か？」と問いをもった。また，どんな直方体をイメージしているかを確認し，全ての面が長方形の直方体で考えることにした。数が増えるか減るかを予想した後，「●●さんみたいな考え方がいい」と前時で扱った1つの面に着目したり，十字の両側の組み合わせに着目したりして面のつながりを変えていく見方・考え方を働かせようとしていた。十字型の立方体の展開図を直方体に変えて整理すると6種類であることを見いだした。そして，立方体の展開図11種類に対して，6種類ずつ全部で66種類あると予想を立てた。次の時間，グループで展開図を作っていった。前時までのよさを活かした貼り方もあれば，そうでない貼り方もある。全員が見方・考え方を働かせられるわけではないので，活用する場面が何度かあるといい。直方体の展開図を作っていくとどうしても3種類しかできないものがあった。「本当に6種類作れないのか？」と展開図を比べていった。この時も縦4つに並ぶ面の両側の面の色の組に着目して整理し，比較したことで，180°回転すると同じ展開図になっていたことに気付くことができた。また，1つの面に着目してベン図のように表現した子の説明は多くの友達を納得させた。54種類であることをまとめると，「正方形の面のある直方体の展開図の種類は？」と問いを子どもが出した。見方・考え方を繰り返し働かせていくために，条件を少しずつ変えていけるような教材や授業構成を考えたい。

小さな問いが連続していることを意識する

夏坂哲志

◆発せられない問い

正三角柱の展開図を考える場面について考えてみたい。黒板に貼った面の形（長方形と正三角形）を並べ替えて，展開図をつくることにする。

はじめに，長方形を1枚ずつ黒板に貼っていく。わざと4枚目を貼ったりすると，「それはいらないよ」と反応する子もいれば，黙って見ている子もいる。黙ってみていた子の中には，「いらないよ」の声を聞いて，「なるほど」と思う子もいれば，「何枚必要なのかな？」と考える子もいる。

もし，「長方形は何枚必要なのかな？」と考えたとしても，その小さな問いは発せられないまま過ぎてしまうことが多い。声にする前に，ちょっと立ち止まってその枚数を自分で考え始めるからである。

こんな子のために，ちょっと時間をとってあげたい。「あれ？　長方形はこんなにいらなかったかな？　何枚あればいいの？」のように，教師が問い返してみるのもよいだろう。

そして，「他にはどんな形が必要かな？」「正三角形は何枚あればいいのか教えて」のように，形の種類や枚数を話題にして，みんなで考える問題にしていくのである。

◆小さな違いに心を配る

長方形3枚と正三角形2枚を並べて，右上のような展開図をつくる子がいる。これを見て，「他にもあります」とか「ぼくのは違い

ます」のように反応する子がいる。「他にもあります」と「ぼくのは違います」は似ているようで少し違う。

「他にも～」の方はこの展開図を認めているのに対し，「ぼくのは～」はこの展開図が正しいかどうかよりも自分の考えを発表したい気持ちが上回っているのかもしれない。授業者は，そんな小さな違いを感じ取りながら，次にどんな働きかけをすればよいかを探っていく。

◆小さな問いから，全体の問いをつくる

このやりとりを聞いている周りの子たちの思いも様々である。「あの図は正しいの？」と思っている子もいれば，「自分の展開図はあれとは違うけど，間違っているのかな？」と思っている子もいる。また，「え？他にもあるの？」「展開図は1つだけではないの？」「1つじゃないとすれば，いくつあるの？」のように，他の展開図に目を向け始める子もいる。その1つ1つが小さな問いである。

もし，「展開図は全部でいくつあるでしょうか」を全体の問題とするのであれば，「答えは1つだけではなさそうだ」「いくつあるんだろう」という問いを子どもがもち始めるまでの時間と，みんなで共有していくまでの時間を大切にしたい。なぜなら，問いをもつ前に問題を提示したのでは，受け身の活動になってしまうからである。

授業前の授業力を高める！

めあては「いましたいこと」，まとめは「したことの結果」

大野　桂

「めあて」は，問題解決のその時々で，子どもが「今したい」と思うこと。そして，「まとめ」は，その「今したことの結果」だと考えている。つまり，授業の中で，めあてとまとめは幾度か設定されるのである。

その具体を，4年「わり算の筆算」で述べる。提示した課題は以下の通りである。

> 1着の服をつくるのに9個のボタンが必要です。234個のボタンでは何着つくれますか。

という課題を提示し，電子黒板上で，移動できるボタンを実際に操作させる。

めあて1　具体操作をしたい

子どもたちはボタンを9個ずつまとめる操作を始める。

めあて2　面倒だから式にしたい

操作をしていると，子どもが「面倒」「式にしたい」と述べあ
る。それを捉え，「いましていることを式にしてごらん」と促す。
表現されるのが右の式である。

$$\begin{array}{r} 234 \\ -\ \ 9 \\ \hline 225 \\ -\ \ 9 \\ \hline 216 \\ -\ \ 9 \\ \hline \vdots \end{array}$$

めあて3　まとめてひきたい

計算をしていると，「9ずつ引くのは面倒」「まとめて引きたい」「2着分の18とか，まとめて引きたい」という発言がなされる。

ここで，全員に，「どんな9の倍数で引け

ばよいのだろう？」という問いが生まれる。それをとらえ，自力解決に向かわせる。

めあて4　何着分まとめたんだろう

比較検討場面。それぞれのまとめ方を画用紙に記入させ，黒板に貼らせる。その際，式がもっとも短いものは，見えないように裏返しに黒板に掲示した。

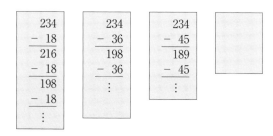

$$\begin{array}{r} 234 \\ -\ 18 \\ \hline 216 \\ -\ 18 \\ \hline 198 \\ -\ 18 \\ \hline \vdots \end{array} \qquad \begin{array}{r} 234 \\ -\ 36 \\ \hline 198 \\ -\ 36 \\ \hline \vdots \end{array} \qquad \begin{array}{r} 234 \\ -\ 45 \\ \hline 189 \\ -\ 45 \\ \hline \vdots \end{array}$$

裏返しの紙を見て，「短いから沢山まとめたのかな？　何着分まとめて引いたのかな？」という問いが表出し，話し合いをはじめた。

まとめ　きりよくひくといい

C：きりのいい10着分じゃないかな。

C：9×10のかけ算も簡単だし。

C：−90はひき算も簡単。

（ここで数値を明かす）

$$\begin{array}{r} 234 \\ -\ 90 \\ \hline 144 \\ -\ 90 \\ \hline 54 \\ -\ 54 \\ \hline 0 \end{array}$$

除数の10倍で引くことの価値に気づいた子どもたちは，さらに，「だったら，20着分がいいんじゃない」と述べ，右の筆算表現をした。

まさに，わり算の筆算が創られた瞬間であった。

$$\begin{array}{r} 234 \\ -180 \\ \hline 54 \\ -\ 54 \\ \hline 0 \end{array}$$

「対等」「対話」「互恵性」を
意識する

夏坂哲志

◆3つの視点

　協働的な学びをつくる際に大切にしたい視点が3つある。それは，「対等」「対話」「互恵性」である。

◆対等

　まずは，子ども同士が「対等」であることが大事である。

　子どもたちの中には算数が得意な子もいれば，不得意な子もいる。得意な子が中心になって進んでいく授業ではなく，苦手な子の悩みやつまずき，不安感などに常に心を配り，みんなで少しずつ解決に向かうことを心がけたい。

　また，教師と子どもも対等な立場でなければならない。教師は当然，方法や答えを知っている。しかし，教師が，自分が考えたシナリオに子どもの思考を当てはめようとしても無理が生じるし，子どもが，「最後は先生が教えてくれることに従えばよい」というような授業観を持っていたのでは，その授業は子どもの思考力や主体性を育てるものにはならない。

　ある子が発した素直な発想や悩みに対して，周りの子も教師も同じ目線で一緒に考えていくように心がけたい。

◆対話

　「対話」は，その対等な関係性の中で成立する，「問い」と「共感」のある双方向のやりとりだと考える。ただ意見を交換すればよ

いのではなく，新しいものを見出そうとする共通の課題が2人（あるいは集団）の中になければならない。

　さらに，次のようなことも求められる。

○仮の答えや途中でもいいから，自分の考えたことを話すことができる環境（仲間・教師）がある。

○一人ひとりが，少しずつ違う形で，答えや自分の考える方向をもっている。

○相手の考えや思いをよく聞き，受け入れる。「こうしたかったんだね」「こうしてみたらどうだろう」「それはいいね」「それはだめじゃない？」と言える。

○お互いに納得できる意味をつくり出し，共有する。

◆互恵性

　「互恵性」は，みんなで考えた過程や，そこで得られた知識，見方・考え方がお互いにとってプラスになったと感じられるということである。別の言い方をすると，問題解決の過程を通して得られた価値を共有する場があるということである。

◆「聞き合う」ことを大切にする

　以上のような学びの場をつくるために心がけたいことは，「聞き合う」ことである。形だけではなく，その子はなぜそう発想したのか，どんなことに困っているのか，自分はどう考えるのか，といったことを個々が考えながら耳を傾けるようにしたい。

授業前の授業力を高める！

一人ひとりの子供にとって発見のある
個別学習のつくり方

東京学芸大学附属小金井小学校　加固希支男

1 一斉授業だけが算数授業か？

一斉授業でみんなでワイワイ言いながらやる授業は，教師としても楽しい。しかし，その陰で，他の子供の説明を聞いているだけの子供から目を背けていないだろうか。個別最適な学びとは，一人ひとりの子供を主役にする学びである。一人ひとりの子供にとって発見がある学習にするにはどうすればよいかを考える必要がある。

2 個別学習のやり方

一人ひとりの子供にとって発見がある学習にするためには，個別学習は有効である。個別学習といっても，周りの人と一緒に考えながら色々な解き方に触れ，困ったら助けを得ながら学習を進めるのだ。学習形態も子供が選ぶということだ。

（1）最初の問題は教師が提示する

一人ひとりの子供に別々の問題を用意するのは現実的ではない。最初の問題は教師から出す。私は，教科書に掲載されている問題を提示することが多い。大切なことは，「答えを出して終わり」とせず，「何に着目したらできたのか（数学的な見方）」や「どうやったら解けたのか」ということを考え，ノートに書くことである。

（2）最初の問題を子供が発展させる

教師から提示された問題が解決できたら，その問題を発展させて問題を作らせるとよい。しかし，最初から「発展させて問題を作って

ごらん」と言っても，子供はなかなか問題をつくることはできない。そこで，次のような視点を与える。

・数を変える　　・数の個数を変える

・場面を変える

今年，私は3年生を担任している。4月に「時間の計算」を学習した。その際，私から「時間と分のたし算・ひき算」を提示したら，その問題を発展させて，下記のような，秒も入れた問題を作った子供がいた。

> クリスマスの日がきました。その夜は，サンタさんにプレゼントをもらう日です。その夜は9時30分40びょうにねて，すいみんじかんは，8時間40分40びょうでした。おきた時かんはなんじでしょう。

私が「秒も入れた問題を作った人がいるよ！」と全体に声かけをしたら，他の子供も秒や日を入れた問題を作り始めた。そうやって，子供自身で学習を進めていく意識も養っていくのである。

3 一斉授業の重要性

「算数はどんなことを考えることが大切か」ということを知らなければ，個別学習では「答えを出して終わり」の子供が増える。そうなれば，ドリル学習に陥っていく危険性があり，知識偏重の教育に逆戻りである。個別学習をするためにも，一斉授業で「学び方を学ぶ」ことが重要なのである。

【参考文献】加固希支男（2022）．『「個別最適な学び」を実現する算数授業のつくり方』．明治図書．

「限定する言葉」を意図的に使う

森本隆史

　低学年の子どもたちが自分で発展的に考えていくことは難しい。「算数は答えを出せばそれで終わり」と思っている子どもが多い中，そもそも広げて考えるという価値観がない。

　そのような価値観がないのであれば，教師が意図的につくっていかなければならない。

　例えば１年生が次のようなひき算の計算をしたとする。

　①10 − 6 = 4　　②11 − 7 = 4
　③12 − 8 = 4　　④13 − 9 = 4

　この４問をただ与えるだけでは，子どもたちは何も考えずに計算をするだけになる。そこで，問題の与え方を少し変えてみる。

1□−□= 4
になる式はいくつできるかな

　□には０〜９の数しか入れてはいけないことや，□には同じ数が入るわけではないということはきちんと説明する。

　このような問題を与えると，子どもたちは結果的に先ほどの①〜④の計算をすることになる。そして，式が４つできるとわかる。子どもたちは

　「答えが４のときは式が４つできる」

　と喜んで言う。この場面で教師は発展的に考えることを意識して次のように言う。

　「答えが４のときだけ同じなんだろうね」

　このようにすると子どもたちは，答えが５のときについても考え始める。

　子どもたちが発展的に考えていけるようにするために，わたしは「限定する言葉」を使うことを提案している。先ほども「答えが４のときだけ」とあえて限定したのである。

　高学年の子どもたちと授業をする中では，教師はこのようにあえて限定する言葉を意図的に使っていくとよい。これが，発展・探究を生み出すポイントの１つである。

　６年生が下のように一辺が20 cmの正方形に内接している円の面積と，同じ４つの円を敷き詰めた円の面積の合計とを比べる場面で考えてみる。

A 　　B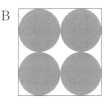

　この場合，AとBの面積は同じになるのだが，ここで終わる子どもたちにはしたくない。

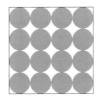　　

　敷き詰められた円の数を変えたり，三角形に変えたりして考える子どもになってほしい。「４つのときだけ同じになったね」「円のときは同じになるんだね」と，数や形を限定することで，「いや，他のときも同じかもしれない」と子どもたちが動き出せるようにしていきたい。

多様な解決の後に
特殊な例で適用する

青山尚司

1 児童の実感が学びを深める

　多様な方法で解決できる問題は児童にとって楽しいものである。しかし，それらの解決方法をただ発表して終わってしまうのでは，何を習得し，どう活用できるようになったのかがはっきりしない。学びを深めるためには，身に付いたことや，使えるようになったことを児童自身が実感できるように授業の構成を工夫する必要がある。

2 多様性から共通点を見出してまとめる

　例えば，第4学年「面積」では，単元後半に右のようなL字型の複合図形の求積が

よく行われる。この学習では，2つの長方形に分けてそれぞれの面積を求めて後で足している方法（分割），合同な単位長方形を見出し，そのいくつ分かで求める方法（等分割），切って動かすことで1つの長方形になるように変形する方法（移動），実際にはない部分をあるものとして考えた大きい長方形から欠けている部分の長方形を引いている方法（補填），同じ図形2つをくっつけて2倍の面積の長方形を作って求積し，それを半分にする方法（倍積）などが出される。これらの共通点として，求積公式が使える長方形や正方形に帰着させていることをまとめるのが一般的である。

3 短時間でできる習得・活用

　この学習の最後の5分間で良い。以下のような図形を子どもたちに見せることを適用問題とする。本時の学習がしっかりと身に付いていれば，生き生きとした児童の反応が引き出される。

ずらす　穴の部分をあとで引く

切ってへこんだところへ

同じ形を2つくっつけて後で÷2をする

　児童自身も，授業で学んだ方法を説明することができるようになっていることへの実感をもつことができるのである。

4 授業のねらいに応じた構成を

　ここでは，多様な求積方法で解決できる図形を先に扱い，それらの方法を吟味した後に，適した求積方法がはっきりしている図形を扱う構成を紹介した。この構成は，習得・活用場面の設定を意識しているからであり，いつでもこの構成が適しているわけではない。例えば発展・統合を重視した構成であるならば，特殊な求積方法を用いるものを先に扱い，児童自身が少しずつ求積方法を更新させていくという構成も考えられる。その時間のねらいに応じて授業の構成は決まるのである。

教科書通りの問題提示から脱却する3つのポイント

森本隆史

◆3つのポイント

> ①教科書をしっかりと見る
>
> ②子どもの「見え方」「文脈」について考える
>
> ③授業技術を1つでも増やす

①の教科書をしっかりと見るというのは，6社の教科書を見て，場面や数値などについて学んで，どんな問題にするのが自分のクラスの子どもたちの実態に合っているのか，しっかりと考えるということである。

②は，教師が問題を提示をしたときに，「子どもたちにはどのように見えるのか」「子どもたちがどんなことを言いそうか」「そもそも考えたいと思うのか」「もっとやってみたいと思うのか」「この問題は楽しいか」などと，教師が子どもと同じ目線で考えることを意味している。教師が楽しむことができない問題は，子どもも楽しむことはできない。教師が楽しいと思っていても，子どもが思わない場合もあるので，子どもになったつもりで問題提示を考えることは大切である。

③は，問題提示に直接関わってくるところである。教科書を開き，明日の授業について考えるとき，問題をどのように提示しようかと迷う。毎日のことなので，このとき，教師がどのようなひきだしをもっているのかということがとても重要となってくる。教科書を開き，そのまま問題を読んでも授業はできるかもしれないが，自分で変えていきたい。

そのためには，技術を増やすことが大切である。教科書通りの授業をしないのは，教科書に載っている良問をそのまま与えてもおもしろくないし，子どもからいろいろなことを引き出すことができないからである。

そこで，問題提示にひと工夫を施していく。今回はこれを「授業技術」ということにする。

少し考えてみると多くのことが思い浮かぶ。

> ・かくす　・数値を変える　・数を□にする
>
> ・わざとまちがったものを見せる
>
> ・同じパターンのものを見せる
>
> ・特殊なものから見せる
>
> ・きまりがみつかるものを見せる
>
> ・わざとずらす
>
> ・必要ないものはどれか尋ねる
>
> ・簡単すぎるものを見せる
>
> ・美しいものを見せる
>
> ・何も言わずにだまって見せる
>
> ・日常にあるものを見せる　　　など

全体をかくすのか，左だけをかくすのかというように，かくすということだけについて考えてもおもしろい。どこをかくすのかによって，子どもの見え方が変わるからである。
（詳しくは131号で扱っている）

自分でいろいろな問題提示にチャレンジしてみて，一つでも引き出しを増やしていくとよい。それが子どもたちの笑顔につながっていくはずである。

授業前の授業力を高める！

算数授業力を高めるポイント

INTERVIEWEE

細水保宏（明星大学・明星小学校）

田中博史（授業・人［じゅぎょうひと］塾）

山本良和（昭和学院小学校）

INTERVIEWER

青山尚司，田中英海

授業力を高めるポイント

INTVW

2022.04.28 -05.02 on Zoom

——細水保宏先生はどのように授業力を高めてきましたか？

子どもから学ぶ姿勢を

授業力

授業観
教材研究力
学習指導力
人間性

今の自分の半分は，先輩から学んだこと，残り半分は子どもと一緒に手に入れてきたことです。先輩からも子どもからも学ぶ姿勢をもっていると人間が豊かになっていきます。子どもたちが悪いのではなく，自分が言い方を変えたらどうなるかな……といつも子どもから学ぶ姿勢をもっているとよいと思います。

授業力を4つで捉える

1つ目は授業観です。どんな子どもにしたいか，どんな授業をしたいかという想いがないとよい授業はつくれません。先輩のよい授業を見ていくと変わっていきます。授業観は豊かになっていきます。授業観は変わっていくものだと思っているとよいです。それが学級経営につながっていきます。こういう人に育てたいという子ども像を描くのです。元からスーパーマンのような子どもはいません。望ましい方向に動く子がいるのです。先生がそういう方向に動いた子を価値付けていくと，他の子も動いていくようになります。

2つ目は教材研究力です。子どものどんな力を伸ばすかが大切で，どういう教材をもって来たらよいか見分ける力です。

3つ目は学習指導力です。それは一人一人を的確に捉えて手立てを打つ力といえます。子どものいい主治医になってほしいと思います。例えば，かけ算九九で何の段ができて何の段ができないのか。できる，できないは捉えやすいですが，どこまではできていないかを捉えるのが難しいのです。それに応じた手立てが出せるようになりたいです。

最後は，教師の人間性が勝負です。一番側にいる教師が豊かな人間性だと子どもも豊かになっていきます。では，人間性をどうやって豊かにしていくのかというと，感動を多く手に入れていくといいです。映画，スポーツ観戦など，感動する場面をつくります。そして，人に話をしてほしいと思います。そうすれば，いろいろな考えが聞けて，人間性が豊かになっていくでしょう。先生も個性を伸ばすと共に，個性が独りよがりにならないために，周りの先生との協調性が大事です。

子どもをどう見取るか

目と唇，体の傾き，動きなどもありますが，ノートに子どもの頭の中や心をどう残させるか，子どもを捉える場面をどうつくるかが大事です。ノートをみると「わぁすごいな」と先生が感動できます。しかし，授業で取り上

げられるのは2，3個です。だから，子ども自身が自分で感動することを見つける活動がいいかなとノート展覧会を始めました。展覧会をやるときは，まずは自分の考えを一度まとめさせます。新しいものを手に入れたら"○○ちゃんのノートから"とメモをさせます。自分と違う想定外に出合うためには，まずは想定させることです。自分自身を知って，友だちのノートから新しい自分を知ると感動できます。そのように，授業を創るときにも想定外をどうつくるかを考えていました。

担任だからできること

子どもの笑顔を見たいと思っている先生は伸びていくでしょう。教科の中で学級経営をしていきます。若い頃は，先生のハンカチに子どもをのせて落ちこぼれをつくらないように，みんなを先生が下から支える教育をやってきました。今はクラスの中に差があるので，ハンカチをつまみ上げる教育がいいと思います。誰かいいことやったとき「素敵だね」と褒めて，みんなが真似するように価値づけて，よさを実感できるような集団をつくっていきます。ついてこれない子には，手をかけていきます。つまり，個に応じてサポートする力が必要になってきています。

──田中博史先生はどのように
　授業力を高めてきましたか？

授業のストーリー

授業力を高める意味でやってきたのは，授業をストーリーで書くことです。実践後に文章化することは皆さんも経験があるでしょう

が，私は指導案の段階で文章化していました。こういう発問をすると，この子がこんなことを言う，それに対して私はこう返すというように。表組みの指導案だと文脈が途切れていることに気づかないことがあるからです。この時点ではこういう意見が出て，私はどちらを取り上げたらよいかを悩む……。などかなり詳しく予想して書きます。実際に様々なトラブルに出会っても対応できるようになると思いました。

やりたいことを一言で

その一方で，よく先輩の先生と研究授業に行く直前の廊下で，「今日何やるの？」と互いのめあてを聞き合って，それを一言で伝えられるかなんてこともやっていました。私が「まず前半こうやって，次にこうやって……」など話していたら先輩から「あ，そんなに長く話すときはうまくいかないね」と言われたものです。「要するにこれがやりたい」と一言で言えるぐらいまでめあてを絞り込まないと子どもに向き合えないということですね。

究極のテーマは対応力

多くの先生たちが困るのは，授業の中盤以降で子どもの予期せぬ言葉に対応できず，その後這いまわってしまうという場面があります。私はこれからの教師教育の視点としてこの臨機応変な対応力の育成は大切な視点となっていくと思います。今は子どもと授業する機会は少ないので，講演の中で先生方からその場でいただいた複数の質問をどう構成しながら展開に組み込んでいけるか，自分の対応

力を試しながら楽しんでます。

何度も見ることで見方が深まる

NHKの番組制作をやっていた頃，45分の授業動画を15分にまとめる編集作業をディレクターと一緒にやっていたことがあります。この時，繰り返し授業を見ることでたくさん発見があることを実感しました。その後講演でも授業映像を使って分析しながらお話しすることを取り入れていますが，同じ映像なのに私の分析の視点は毎回変化しています。事前にパワポなどで作り込んだ講演をしているときには味わえなかったことです。

自分の授業動画を皆さんも複数回見ると発見がありますよ。

一石二鳥で自分の世界をつくる

依頼された仕事の中に自分のプランを入れ込むことも意識してやっていました。例えば，量と測定の領域が弱いと思ったら，依頼された原稿の事例はできるだけその事例にします。テーマを絞っていればそれを集めて整理すれば一冊の単行本にしていくこともできます。頼まれた仕事をただバラバラにこなしていくだけだと自分の世界が作れませんから。またテーマの切り口はできるだけ絞り込むと大人の学びも深まります。

自分を変化させてきた

初期の頃は坪田先生と教材開発を共に楽しませてもらいました。正木先生とは授業論を激しく語り合いました。この二大巨頭の狭間で私は何を自分の道としていくべきかと悩んだこともあります。辿り着いたのは二人がやっていなかった表現力の整理でした。絞り込むために子どもの「語り始めの言葉」に着目

したのもその頃です。さらに子どもたちが自然体で表現できるようになるには，学級づくりの視点も大切だと思い算数だけではなく心理学も学びました。

皆さんも自分ならではの視点をもって算数教師人生を楽しんでください。

——山本良和先生はどのように 授業力を高めてきましたか?

自分らしさをつくる

私の算数授業人生は，自分らしい算数授業の追求だったのかもしれません。そのベースは，若い頃

からやっていた次の2つの取り組みです。

目標は具体的に

1つ目は，授業の目標をなるべく具体的に長く書くことです。例えば，「2桁×2桁の計算の仕方を考えることができる」というような抽象的で曖昧な目標ではいけません。教材の場面や数値の設定から目標に至るまでのプロセスを具体的に文章で書き表します。すると，論理に矛盾がないかどうかが意識され，流れが自然であるかどうかが見えてきます。現在でも若い先生方に推奨していますが，最初は3・4行しか書けなかった方が，今ではA4一ページの目標を書くようになりました。このようにゴールだけでなくストーリーの展開を細かくチェックしていくことで，「たまたまそんな子がいて助かった」という授業ではなく，どこの学級であっても本筋がぶれな

い授業が必然として成立することを目指してきました。つまり，教師目線での論理の整合性ではなく，子どもの目線から授業展開を見る目を磨いていくのです。

自らの困り感を乗り越えて授業を変える

しかし，それほど簡単ではありません。まだ若かったあるとき，たし算の学習で「工夫して計算しよう」と投げかけると，子どもから「工夫するって何するの？」という反応が現れました。困った瞬間です。予想外の子どもの反応に対する自らの困り感を乗り越えないと授業は変えられません。言い換えれば，子どもとのズレを埋めるということです。

子どもにとことん付き合う

だから私はもう一つの取り組みとして，自分の想定通りに動かなかった子どもの事実や想定外の子どもの反応をノートに書き残すことを習慣化していました。事前に想定していたことと授業中に現れた事実との違いは，子どもを理解するきっかけです。想定外の反応に焦るのは，子どもに寄り添おうとしている証拠です。子どもにとことん付き合ってみると，「そういう傾向があるんだな」と子どもの心理や学習観が徐々に分かるようになってきます。そして，得られた子どもの傾向を逆手にとると，次の教材研究にも活かせるし，新しい授業を試みるきっかけにもなります。

数学につながる意識が大事

ところで，算数だからこそ大事にしてきたこともあります。それは毎日の算数授業が中学校や高校の数学にどうつながるか。内容だけでなく見方・考え方を含めた系統です。数学として大事なことは普遍であることの美し

さを体感することです。そして例外が存在しないことが説明できることの美しさやその価値を子どもが実感し，追究したくなるようにしたいのです。だから，小学校段階で，子どもがどのように事象を見ようとするのか，数学として価値があることを子どもがどう実感するのかを柱にして教材を開発し，子ども目線で授業を創っていくことを大事にしたいと考えてきました。

かかわり発問だけで

また，主発問，ゆさぶり発問という発問の工夫に頼るのではなく，「かかわり発問」だけで展開できる授業を追い求めてきました。教師に「〜を考えましょう」と言われて考えるのは受け身の子です。子ども自らが場を変える，数値を変えたくなる，反証しようとする…，これらの姿が主体的な子どもです。子ども同士のかかわりを通してこのような姿を引き出し，今まで見えていなかったことが見えるようになる授業を目指してきました。私が育てたいのは「まだ答えを言わないで！自分で考えたい！」という子どもです。新たなことを見出したかどうかは，子どもが笑顔になったかどうかで評価できます。

失敗を恐れずに挑戦する授業研究を

最後に，授業研究は誰も答えが分からないからこそ取り組んでいることです。本を読んで分かることは研究ではなく勉強です。誰もやったことがないのだから失敗するのが当たり前です。何が新しいことなのか，何を解明しようとしているのかを明確にし，失敗を恐れず日々の授業の中で新しい試みに挑戦してください。

授業力を
高める
ポイント
15

1人（数名）の「疑問」を「学級全体で解決すべき問い」へと発展させる

大野　桂

子どもたちに何かしらの課題を与えると，そこから個々の疑問や気づきが生まれる。それを吟味していくと，学級全体で議論する必要がある「問い」が生まれてくる。

その具体を，4年「面積」の導入授業で述べる。

― 1m ― の柵を18本使って，動物を飼う囲いを作りましょう。
※囲いのかどは直角にする。

C：囲いの周りの長さは18 m になるね。

T：周りの長さが18 m だから，これからみんなが作る囲いは，どれも同じ広さになりそうかな？

C：たぶんそうだと思う。（疑問）

C：いや，いろいろな広さになりそう。（疑問）

T：じゃあ，どうなるかは分からないけど，とりあえず一番狭そうだと感じる囲いを作ってみましょう。

T：これが一番狭いと感じた囲いなんだ。

C：うん。

C：えっ，どうして。形がちがうし，曲がっている形もあるのに，どうして同じ広さといえるの？（個人の問い）

T：確かに同じ広さには見えないね。

C：僕もそう思う。

学級全体の「問い」
　どうしたら同じ広さといえるの？

このように，1人の疑問や分からなさをクローズアップすることで，「学級全体で考えるべき問い」へと発展させることで本時のねらいが達成に向かうこともある。

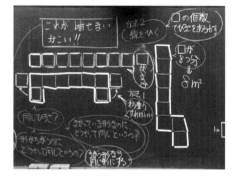

このことは，「人間教育」という側面が色濃い小学校段階における授業では，たとえ教科の授業でも，「1人の悩みは全員の悩み」という教育観に従って進められているということが根底にある。だから，ある1人の子どもが，困っていたり，疑問に思ったりしていれば，それは学級全員で解決すべきことである。

ただし，なんでも全員で考えればいいわけではない。その困りや疑問が本時のねらいに即しているかについてはよく吟味しなければならない。そして，その吟味は教師が一方的に行うのではなく，子どもとともにしていくことが大切である。

授業力を高めるポイント **16**

「問い」を引き出し「自己調整」を促す端末の活用

兵庫県西宮市立鳴尾東小学校　**久保田健祐**

授業中の授業力を高める！

1 「問い」を引き出す端末の活用

　6年生「データの活用」の学習場面。授業冒頭，テレビモニターを使いながら「今日はこれらのデータを使うよ」と言って，複数のデータを全体で共有する。課題の大枠を把握するような場面は，やはり大型モニターを使って教師が指し

しながら補足していく方が効果的である。

　一方で，データの数値やデータ同士の関係性など，詳細を把握するような場面では，端末を使う方が効果的である。テレビモニターで共有したものと同じデータを児童の端末に配布する。すると，個々で資料を拡大したり複数枚同時に並べて比較したり，必要に応じて見返したりしていく。個々が自由に操作し確認することができるのが端末を使う良さである。加えて，端末を使って課題把握をさせる際，ある程度の“自由度”が必要だと考える。データを配布した後，間髪入れず教師が発問するのではなく，子どもの反応を待ちたい。「どれくらい違うのだろうか」「何が一番多いのだろうか」「どのような関係性があるのだろうか」と子ども達は，データの持つ意味について端末と向き合い始める。個々に内在する「問い」を引き出し，互いの

異なる「問い」を視覚的に共有させていくことが端末の活用のポイントである。

2 「自己調整」を促す端末の活用

　自力解決の場面では，個々の端末のデータに自分の考えや計算式などを直接かき込ませていく。すると，データと自分の思考が紐づけられ，思考の外化履歴として残っていく。端末を使った「問い」→「試行」→「省察」のような試行錯誤の過程をここで多く積み重ねていくことで個々の考えが少しずつまとまっていくだろう。すると，頭の中で「だったら〜のように考えるといいんじゃないかな」といったブレイク

スルーが生まれていく。このように「自己調整」がなされていく過程を生み出していくことが端末の活用のポイントである。

　このような場面での端末の使用は，思考の保存，整理，見返しなども簡単に行えるため，大変効果的である。

　思考の外化履歴は，本時に生まれた思考を紐づけて新たな考えを生み出していくだけでなく，既習の外化履歴を見返し紐づけていくこともできる。これも端末のよさである。

　子ども達自らが問題の解決を図っていく機会を作り出すべく，場面に合わせた端末の効果的な使い方を教師自身が模索していきたい。

自力での解決を急がずに試行錯誤する場面にする

中田寿幸

1 自力解決場面で「考え直し」ている姿

子どもがノートに書いた自分の考えを消しゴムで一生懸命に消していることがある。自分の考えを進めているうちに，「これではだめだ」と思ったから，そのだめな考えを消しゴムで消して，なかったことにしてしまおうとするのである。

なんとももったいない話である。

それまでに考えていた自分の考えのだめなところに気が付いた。その気付いたこと自体が「考え直し」をしている姿である。「考え直し」て自分の考えが一段高くなろうとしている事実をノートに残すことで，これまでに考えてきたことが次に生きてくるのである。

集団解決の場面で友だちの考えに触れながら，自分の考えの不十分さに気付き，「考え直し」をしていくことはよくあることである。

ところが先の自力解決のときに「考え直し」ているのは自分の力なのである。他人の力を借りずに，自分の力で考え直せるのは確実に自分の力を伸ばしていることになる。正答かどうかで，他の人と比べているのではない。自分の力を自分で伸ばしていっているその事実が素晴らしいことだということを子どもには伝えていきたい。

2 自力解決場面で解決を求め過ぎない

自力解決の場面では，子ども一人一人に自分の解決方法を持たせ，自分なりに解決させていこうと考える。そのために，昔からヒントカードを準備したりオープンスペースを活用したり，少人数でのグループにしたりしてきた。これは一人一人が問題を解決した状態をつくらなければならないと自力解決場面を捉えていたからである。個人で考える場面で解決を求め過ぎていると「間違い」が許されなくなり，子どもは間違えを消したくなってしまうのである。

個人で考える場面では解決した状態を求めるのではなく，試行錯誤（trial and error）をする場面にしていきたい。個人で考える場面は，試して，失敗したら修正することをくり返しながら解決に近づいていく場面としたい。

そう考えると，個人で考えるときのノートの書き方も変わってくる。教科書のお手本となっているノートのように，きちんとまとまった形のノートでなくてもよい。解決の方向のために，どんなことが考えられるのか，まずは絵や図に表してみるとか，とりあえずわかるところだけメモのように書き出してみるとかである。

間違えることを恐れて，何も書き出せない子もいる。そんな子には「わからない」とだけ書いてもいいということを伝えている。「わからない」と書くと，次にどこがわからないのか，どうわからないのか，どこまでならわかるのかと考えを進めることができる。そんな「考え直し」の連続が，試行錯誤の過程となり，解決に向かっていくのである。

子どもの表現に問い返し，ねらいの方向に展開する

盛山隆雄

1 問い返し発問とは

　問い返し発問は，子どもの表現ありきの発問である。教師が事前に用意しておいた言葉で，予定したタイミングで言う発問ではない。

　子どもの発言や黒板，ノートの記述に対して，必要に応じて，「これはどういうことかな？」と意味を問うたり，「なぜこうなるの？」と理由や根拠を問うたりする発問である。

　このときに大切なのは，問い返す相手は，表現をした一人の子どもではなく，その他の子どもたち全員ということである。一人の子どもの表現を基に考えさせたいことを見出し，発問を通して全体に振る。そのようにして集団検討の場をつくっていく。それが問い返し発問である。

2 こんな場面で使う

　5年生の小数のかけ算の授業である。計算式が書いてある何枚かのカードを裏にして黒板に貼った。教師が1枚目を引くと，「64.2×3.6」と書いてあった。子どもたちは，すぐに筆算をはじめ，「231.12」と発表した。

　次のカードは，子どもに引いてもらった。「6.42×36」と書いてあった。
「さあ，筆算頑張ろう！」
と言うと，
「これ，筆算しなくてもわかるよ」
と言う子どもが現た。この発言に対して
「筆算しなくてもいいとは，どういうこと？」

と，全員に問い返し発問をしたのである。

　そこから，授業のねらいにせまる子どもたちの思考が始まった。かけられる数が$\frac{1}{10}$，かける数が10倍になっているので，積は変わらないといった説明を引き出す展開である。

3 問い返し発問の分類

　問い返し発問について，次のように整理しているので，この枠組みを頭に入れて活用することが大切である。

① 子どもの表現の意味を問う

　（例）「○○ってどういう意味かな？」

② 子どもの表現の根拠を問うⅠ（算数の内容に対して）

　（例）「なぜ，360°になったのかな？」

③ 子どもの表現の根拠を問うⅡ（子どもの考えに対して）

　（例）「○○さんは，どうしてこう考えたと思いますか？」

④ 子どもの説明の続きを問う

　（例）「○○さんは，この後，どんな式を書くと思いますか？」

⑤ 子どもの表現のよさを問う

　（例）「○○さんのこの図のいいところは何だと思いますか？」

⑥ 子どもの思考・表現の正誤を問う

　（例）「答えはこれで正しいですか？」

⑦ 子どもの思考を揺さぶる

　（例）「この計算は，いつでも使えるのかな？」

対話を深めるための2つのポイント

森本隆史

　ある子どもが発言をした場面を思い浮かべてみる。まわりの子どもは一生懸命聞いていたのだが，発言した子どもの言ったことが「よくわからない」ということがたまにある。すごく長く話してくれたのだが，まわりはポカーンとしているというような場面である。

　算数は多様な考えが出てくる教科である。自分が考えていたこと以外の考えが出てきたときには，すぐには話についていけないのである。これも教科の特性の一つと言える。

　わたしたちは先ほどのような状況を見て「今の話は伝わっていないな」と感じ取る。こんなとき，
「今，○くんが言ったのは，～ということだよ。みんな，わかった？」
　などと，教師が説明をするという判断をする方はいないだろうか。

　教師が説明をすることで，わかっていなかった子どもたちは，発表者の話の内容を理解することはできるはずである。そして，教師はそれを見て安心する。しかし，このようなことをくり返していると，子どもたちの表現力は育たないし，友だちの話を聴こうとする態度も育たない。まさにその場限り。つまり，対話が深まっていかないのである。

　では，先ほどの場面で教師はどのようにすればよいのか。
「今のお話，ちょっと難しかったんじゃない？」

　と，まわりの子どもたちに尋ねていくとよいのである。このように尋ねればきっと「うん。少し難しかった」とか，「よくわからなかった」と素直に表現してくれるはずである。「今のお話，わかった？」と肯定的に尋ねるのはよくない。わかっている子どもが「わかった」というだけで，わかっていない子どもが反応することができないからである。

　そして，「よくわからなかった」という子どもの言葉が出てきたら，発言した子どもに向かって「もう一回説明してみる？」と言うのである。

> 教師が説明するのではなく，子どもと子どもをつないでいく

　先ほどの場面で他の判断もできる。同時に2つの対象に語りかけるのである。
「すごい考えだね。でも，難しかった人もいるんじゃないかな。難しかった人？」
　【発表した子ども】「すごい考えだね」
　　→考えを価値付ける言葉
　【聞いていた子ども】「難しかった人？」
　　→「わからない」と言いやすい言葉

　子どもと子どもをつなぐことができるのは教師である。教師は口からなんとなく出てくることを言うのではなく，自分はどの対象に話しているのかについて考えていくとよい。

> 教師は言葉の先の「対象」を考える

必要感のある場面で一体的に

青山尚司

1 あまりを10で割るのはなぜ？

　4年生の子たちに「13.5 m のリボンを3 m ずつに切ってかざりを作ります。かざりは何こできて，何 m あまりますか」という問題を提示すると，右のように考えた児童がいた。別の児童が，

$$13.5 \div 3 = 4 \text{ あまり } 1.5$$
$$\downarrow \times 10 \quad \uparrow \div 10 \quad \uparrow \div 10$$
$$135 \div 3 = 40 \text{ あまり } 15$$

「リボンを10倍の135 m にして3 m ずつ切っていくと，40本できて15 m あまるでしょ？

　だからもとの13.5 m だったら40本もできるわけなくて，10分の1の4本で，あまりも10分の1の1.5 m になる」と説明した。

　次に別の方法として以下が出された。

　すると，「なんで商はそのままなのにあまりは10で割るの？」という疑問が出された。

$$13.5 \div 3 = 4 \text{ あまり } 1.5$$
$$\downarrow \times 10 \downarrow \times 10 \uparrow \text{そのまま} \uparrow \div 10$$
$$135 \div 30 = 4 \text{ あまり } 15$$

「たしかめ算をすればいい」という児童が，次のように板書をした。しかし，「計算が合っていることは分かったけど，なんでそうなるのかの答えになっていない」と納得しないのである。

$$30 \times 4 + 15 = 135$$
$$\downarrow \div 10 \quad \downarrow \div 10 \quad \downarrow \div 10$$
$$3 \times 4 + 1.5 = 13.5$$

2 あまりは長さ，4は個数

　少し考えをまとめる時間をとった後，ある児童が黒板に線分図を描き始めた。

　すると別の児童が，「この図は，全体の長さが10倍になれば，区切った部分も全部10倍になることを表わしている」と説明した。こ

こで，「じゃあ，なんで4はそのままなの？」というつぶやきに対して，「あ！」という声が聞こえた。「4は個数だからだ」と続いた反応に，「どういうこと？」と学級全体が動き出した。

　そして，「長さは全部10倍になるけどとれる4本は変わらない」という発言があり，その4が図の中のどこなのかをペアで話し合った。

　その後，もとの長さと，1本分の長さを10倍にしても，とれる本数が4本であることは変わらないが，あまりの長さは10倍になっていることを明らかにしていった。

3 思考と表現は表裏一体

　この授業では，商はそのままで，あまりは10で割るという処理の仕方の違いから問いが生まれ，除法のきまりの意味を改めて説明する必要感が生まれた。そして児童は，図に表すことで，長さを表している部分はあまりも含めて10倍になり，本数を表している商は変わらないことを明らかにしていった。

　思考と表現は表と裏の関係であり，自分の考えを伝えたい，意味を説明したいという思いが表現を洗練させ，表現されたものの中から意味を見出した時に思考が深まる。だからこそ，児童にとっての必要感が生まれた場面で，対話を通して一体的に洗練させていくことが大切である。

つまずきを乗り越える過程に，本時のねらいがある

田中英海

1 子どもも教師も分からないといえる

　自力解決場面や検討場面で分からない表情をしている子がいる。そうした表情を見取る時，ヒントを出したり教えたりしたくなってしまう。そんな時，子どものつまずきを「始めの見方」と捉えてはどうだろうか。授業の中で見方が変わっていくことが大切なのである。一方，分からなさや困り具合を出せない子もいる。そうした子たちのつまずきを拾うために，質問ができる学習文化を作っていきたい。子どもの発表に対して，教師が手本となり，「ここまでは分かったけれど，〜が分からない」「〜どういうこと？」とつぶやくことや，聞いている子の表情を見取り，「うーん？　って表情の子がいるね」「分からないことを質問できるかな？」など，発表者へも配慮をしつつ，聞き手の分からない姿を肯定的に捉え，質問する，問うことの価値を感じさせていく。

2 つまずきや誤答の取り上げ方

　つまずきや誤答もその子なりの直観や論理があり，既習事項や経験がある。つまずきを引き出し，共有・共感し，乗り越えていく過程につかませたい見方や考え方が生まれてくる。

　困っている子どもが多い場合は，「どんなことに困っているの？」「〜で困っている子が多いけれど，何に目を付けるといいのかな？」と既習事項との違いや着眼点を全体で取り上げる所から検討を始めるといい。

　また，誤答を発表した子どもへの配慮を忘れないようにしたい。指名され，正答と思って発表したのに「違います！」という反応があると，もう二度と発表しないと深く傷ついてしまうこともある。ここで教師が「他の考えは？　どうすればいい？」と話題を変えてしまいがちである。「どうしてこう考えたか分かるかな？」と既習事項に着目をさせたり，「どうしてこう考えたか気持ちが分かる人？」共感を促し，誤答の論理を想像させたりすることが大事である。すると，既習事項に着目する発言やつまずきを生かして修正する発言につながっていく。さらに先ほどの子にとって悲しいイメージのままで授業を終えさせてはいけない。特にその子の様子を観察するようにする。もう一度手を上げようとした時や分かった！　という表情の変化を見取っていく。そして，もう一度その子に発言を促したり，ノートに記述させたりして，始めのみえ方が変容したことを価値づけるような配慮ができるといい。授業の最後では，つまずきや誤答のおかげで，学習が深まったことを全体で味わうことで，つまずきを生かすことの価値が子どもに浸透していく。

　算数授業研究130号論究 XVII では，子ども「つまずき」の価値を特集している。つまずきは『思考の発露』とかかれている藤井氏の論考など，ぜひご一読いただきたい。

大きなねらいで，子どものプロセスが見える

新潟大学附属新潟小学校　**志田倫明**

授業力を
高める
ポイント
22

1 評価とねらい

　人は見ようとしたものしか見ることはできない。授業中の子どもの思考も，教師が見ようと意識していたものしか捉えられない。多くの場合，教師が見ようとしているのは，授業のねらいだろう。ねらいが達成できているか，または達成に向かっているかを要所で捉え，その後の授業の展開を判断していく。

　評価というと子どもを捉える方法を話題にしがちだが，私は教師が何を見ようとしているかという意識に問題意識をもっている。

2 子どもの分かり方と教師のねらい

　子どもが未知の問題に出合ったとき，試行錯誤しながら解決に近付いていく。失敗に気付いて見方を変えたりやり直してみたり，その道筋は紆余曲折である。

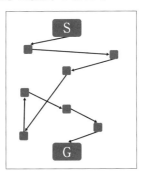

　しかし，人は一度その問題を解決してしまうと，解決への最短の道筋が見える。教師が授業を構想するとき，この最短の道をねらいに定めがちである。この道が，子どもにとっても分

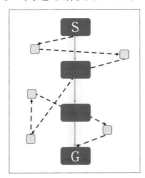

かりやすく，よりよい考えだと感じるのである。

　このような最短の道筋をねらいに定めて授業をすると，子どもの試行錯誤の姿と，教師が見ようと意識していることの差が生じる。そして，大抵の場合，教師のねらいが優先され，ねらいから外れる子どもを「分かっていない」「できていない」と判断してしまう。

3 ねらいを大きく

　単元には中核と呼べる，その単元や領域を貫く重要な概念やプロセスがある。

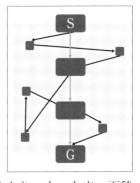

　例えば，4年「面積」の単元は広さを比べたり，長方形や複合図形の面積を考えたり，もっと広い面積を求めたりする。1時間ごとのねらいは様々だが，どれも「単位面積のいくつ分とみる」ということは貫いて学ぶことである。例えばこれを単元の中核と定めると，教師のねらいが大きくなり，子どもの試行錯誤も重要なプロセスであることが見えるようになる。

　教師が1時間の授業のねらいではなく，単元や領域を貫く大きなねらい（中核）を見ようと意識することが，一人一人が生きる授業を実現する授業改善の一歩目となる。

授業中の授業力を高める！

子どもの自然な姿から本質に向かう

盛山隆雄

1 予想外の反応への考え方

かつて，本校算数部の先輩で授業名人と言われた坪田耕三先生は，常々「予想外ほど面白い」と言っていた。予想外に出会って「まずい」と思うのではなく，子どもの素直な反応を楽しむ気持ちをもつようにしたい。そして，予想外の反応から，子どもの思考の仕方や感じ方を学ぶという姿勢が大切で，それによって次の授業を変えていく。

また，予想外と思われた反応を分析すると，結局ねらいとする方向を見出すことができることがある。予想外の反応だからといって切り捨てるのではなく，生かすことを考えていくのである。

2 予想外の反応への対応

3年生の□を使った式の実践で，次のような問題を出した。

> いちごが8こ，200gのかごに入っています。その8このいちごが入ったかごの重さは600gです。いちごの重さは何gでしょうか。

このとき，予想していた反応は，「いちごの重さというのは1個分ですか。8個分ですか？」という問題に関する質問であり，予想通りの質問が子どもたちから現れた。

次に「まずは図に表してみよう」と投げかけ，問題の構造を理解するために図に表現してから式表現につなげようと考えていた。と

ころが，ここで予想外の反応が出てきた。
「結局，いちごの重さとかごの重さを足したら600gになるってことだよね」

このように数量の関係を言葉で表現して確認しようとする子どもが何人か現れたのである。

とっさにこの表現を板書した。教科書では，一般に言葉の式に表させてから式表現に移行する段階をつくる。そのことを思い出した。子どもは自然に言葉の式と同じように，まずは言葉で整理しようとしたのだ。

そこで，この表現から式表現に結び付けようと考えた。
「この言葉の表現を算数の言葉である式に直してみようか」
と言って式にすることを促した。すると，
「いちごの重さを表すときに，1個の重さをどうやって表せばいいの？」
という問いが生まれた。この問いについてみんなで考えて，□を用いることを確認した。

その後は，式を考えるために自然に図をかく子どもが多かった。図と式は，同時に考えるのが自然なのだと思った。文脈通りの式として，「□×8+200=600」という式と，答えを求める式として「600-200=400，400÷8=□」が発表された。その式を説明するためにテープ図が活用されるという展開。予想外の反応を取り上げても，同じ方向にたどり着いたのである。

授業力を高めるポイント **24**

子どもにとって価値ある「振り返り」の時間を目指して

広島県三次市立十日市小学校　**瀬尾駿介**

1 1人1台端末で振り返る

　私は授業終末部に，下記のような流れで子どもが振り返りを行う時間を10分間程度設定している。形式的な振り返りを脱却し，子ども自身にとって価値のある振り返りを目指して試行錯誤する中で生まれた形である。

---

① 板書を見ながら授業の振り返りを行う

　「今日の授業で一番大切だと思ったこと」を中心に，板書を見て今日の授業を振り返り，ノートに書く。

② 1人1台端末で振り返りを共有する

　振り返りを書いたノートの写真を撮り，学級全体に共有することで，互いの振り返りを読むことができるようにする。

③ 振り返った内容について教師と対話する

　振り返りを共有した子ども一人一人に声をかけ，教師が簡単に対話することで，その子が大切だと感じている見方・考え方や学び方等を明確にし，価値付ける。

④ 振り返った内容を板書に書き加える

　対話を通して価値付けた内容を板書に書き込み，学級全体に共有化を図る。

例：② 1人1台端末で振り返り（写真）を共有

2 子どもたちの変化

　初めは振り返りの時間にただ板書を写すだけの子どもたちもいたが，この方法を始めて1か月後には，ほぼ全員がその授業で一番大切だと思う見方・考え方や学び方について明言できるようになった。これは，教師との対話（③）を通して，子どもたちが，自分が見つけた見方・考え方を意識し，そこに価値を感じることができたからだと考える。

　教師にとっても，対話することで，その子どもの文章表現からだけでは読み取れない，振り返りの意図について，より的確に見取り，価値付けることができるようになった。

　また，自分と教師の対話だけでなく，友達と先生との対話（③）を聞くことが，「勉強になる」と言う子も多かった。その効果もあってか，1人1台端末を用いて，お互いの振り返りを読んだり参考にしたりする子も次第に増えていった（②）。振り返りの時間が自分の学びを解釈するだけではなく，友達の振り返りの内容や目のつけどころについて学ぶ時間へと少しずつ変化していったように思う。

　これからも，試行錯誤を続けたい。

T：「いつもと同じように」ってことは，前にも知っている形にしたことがあったって事？

C：円の面積とか，三角形とか，全部知っている形に戻して考えたじゃないですか。その時です。

T：そうか，「今回も」それが大切だと思ったんだね。

C：はい。「今回も！」ですね。

---

③内容について子どもと教師で対話，価値付け

授業中の授業力を高める！

方法のつながりを意識して整理する

青山尚司

1 解決過程の整理

「統合・発展」を目的とした振り返りは，それまでの解決過程を整理することから生まれる。それらを見つめ直すことで，見落としている部分を見出したり，枠組みを再編成したりする児童の姿が引き出されるからである。

2 どこからどこへ

第5学年，四角形の内角の和の求め方を考える場面である。まず，児童は三角形の内角の和が180°であることを活用し，図1のように対角線を1本引いて四角形を2つの三角形に分割することを考えるであろう。

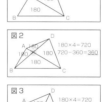

また，図2のように対角線を2本引いて4つの三角形に分割し，対角線の交点にできる角度の合計（360°）を引いて求めることを考える児童もいる。すると図3のように，四角形の内部にある点であればどこでも同じように求めることができることに気付く児童も出てくる。

ここまでを振り返り，直線を引いて三角形に分割している方法を共有することはよくなされる。しかし，ここでもう一歩，どこからどこへ直線を引いているのかを振り返りたい。対角線で分けた場合は，頂点から頂点に引いているのであるが，図3の場合は頂点から四角形の中にある点へ引いていることが分かる。すると児童は，頂点でも四角形の中でもない

ところを探し始める。そして図4のように，頂点から辺に2本の直線を引き，3つの三角形に分割して，辺との交点にできた角3つの合計である180°を引いて求める方法が引き出される。

「頂点→頂点」	$180 \times 2 = 360$
「頂点→辺上の点」	$180 \times 3 - 180 = 360$
「頂点→四角形の中の点」	$180 \times 4 - 360 = 360$

このように，頂点からどこの点に直線を引いたのかを整理しながら振り返ることで，児童は頂点や辺も含めた「図形の中ならどこでもできる」と統合していく。そして，「図形の外でもできるかもしれない」と発展的に考える姿も引き出される。

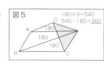

実際に各頂点から四角形の外の点に直線を引いてみると，図5のようになる。これまでの方法を振り返り，三角形に分割していることを意識付けることで，3つの三角形の内角の和から，四角形の外側にできた不要な三角形の内角の和を引いていることに気付くことができるのである。

3 自立した学習者を目指して

方法のつながりを意識して整理すると，発展的・統合的な考えが児童から引き出される。

「こういう見方をしたらつながりそう」と，過程を整理し，振り返り，統合・発展させていく自立した学習者へと成長させていくことを意図して，このような経験を重ねていきたい。

ノートに書く

中田寿幸

　学んだ内容を理解して終わるのではなく，そこから「だったら……」と考えを広げていく子どもを育てたい。そして広げた内容をより深く探究していける子どもに育てたいと思う。そんな子どもを育てるには，授業の中で「だったら……」と子どもが発展的に考えていく場面を経験していく必要がある。そのためには，授業の最後に学習したことをまとめて終わるのではなく，まとめたあとに，「このあと，どんな風に学習していきたい？」「続きはどうしていきたい？」と子どもに尋ねていくとよい。

　授業後に振り返りを書かせている学校も多いが，そのときに，「このあとどうしたいか」を書く視点として示していくのもよい。そして子どもが広げた内容を授業で取り組んでいくことで，どのように発展させ，どのように探究していったらいいのかの経験を積むことができる。

　子どもが発展させて考えたことを授業の中で，みんなで考えていくことで，新たに発展させたいことが生まれていく場面にも出会わせたい。教師がいつも問題を作っていくのではなく，子どもの考えから生まれた問題を授業の中で，発展させ，探究させていく。そうすれば，子どもが一人になったときでも，自らの力で発展させ，探究していく力をつけることができるようになる。

　先日，4年のわり算で3で割り切れる2桁の数を考えていく授業をおこなった。

　60÷3の学習をしたあと，7□÷3を学習した。一の位に3ずつ増やした数を入れながら，計算していくことで割り切れる数を見つけていたA男。次の日の一の位が1の2桁の□1÷3で割り切れる数を探す学習のときには，「無理だ。十の位だと10ずつ増えちゃうよ」と困っていた。

　一の位の数が1だと3で割り切れないと考えていた子もいたが，21÷3ができることに気づくと，A男も21から30ずつ増やしていけばいいことに気づいていった。

　この日の授業の終わりに，「このあと，どう学習を続けていきたい？」と聞き，ノートに書かせていった。

　翌日は，A男の「一の位が2でも考えられそう」という記述を紹介し，一の位を変えて，3で割り切れる数を考えていった。

　最終的には3の段の九九に30ずつの数が加えられればよいことが見えていった。

　このような経験を授業の中で積んでいくと，他の場面でも，「わる数が4だったら……」「一の位の数を変えてみたい」「3けたでもできそう」などと発展の仕方を考えられるようになっていく。そして，子どもの発展させていく方向で，授業を組んでいくことができるようになる。一人一人の発展させていく力を高めていくためには，授業の中で発展していく経験を豊かに積んでいくことが必要なのである。

子どもの発想がつながる
板書づくり

夏坂哲志

◆板書の計画を立てる

　私の場合，授業の展開が決まったら，その流れに沿ってノートに板書を書いてみる。

　ノートに黒板の枠を書き，日付を書くところから始める。日付のスペースが後から邪魔になってしまうこともあるからである。

　書き出しは，黒板のどの辺りがよいのか。文字の大きさはどのぐらいがよいのか。どこで書くのを中断し，そこで子どもにどんなことを語りかけるのか。実際に授業を想定し，子どもが言いそうなことを思い浮かべながら書き込んでいく。

　すると，授業の流れが止まってしまう箇所や不自然な流れになってしまう箇所などが見えてくる。そこで，再度，発問の言葉やタイミングを吟味し，それに対する子どもの反応を予想しながら，黒板が計画通りにできあがっていくための働きかけ方について考え直すのである。

　さらに，時間があるときには，実際に黒板に書いてみる。すると，ノート上とは違う発見がある。例えば，書くスペースが十分かどうかは，実際に書かないとわからないことが多い。図をかいてみたら，大きすぎたり小さすぎたりすることもある。プロジェクターで黒板などに映そうとする場合には，そのサイズ感を把握しておくことも必要だ。

　板書が完成したら，子どもの席の方から眺めてみる。すると，また改善点が見えてくる。

◆まずは,子どもが言ったことを書いてみる

　若い頃，「子どもの発言は全て聞いてみるとよい」と言われたことがある。全部聞いているうちに，子どもの言うことを取捨選択できるようになるからだ。

　同様に，黒板にも，まずは子どもが言ったことを全部書いてみるとよい。教師の解釈を加えずに，子どもが言ったとおりに書くのである。

　ただし，横書きの原稿用紙を埋めるようにただ文字を並べるような書き方はしない。吹き出しや矢印などを用いながら，問題と考え方，考え方と考え方のつながりが視覚的にとらえやすいように配置していくのである。

　板書計画を立てたときとは違う順番で意見が出たり，予想しなかった意見が出たりすることもある。そのような場合にも，それぞれの考えの関連が見えるように配慮する必要がある。また，書くスピードや文字の大きさなど，子どもの様子を見ながら調整することも大事になってくる。

◆振り返る，写真に残す

　授業後には，完成した板書を子どもの目と教師の目で振り返ってみる。見やすい板書になっているか，つながりがわかるか，授業のねらいに到達するために有効に機能しているか，など。授業力のある先輩などに板書を見てもらうことで，教材や子どもの見方について，新たな気づきが生まれることもある。

子どもたちへの言葉かけを考えてみる

森本隆史

1 形式ではダメ

子どもたちのきれいなノートを見て，気持ちよくなっている教師がいたとする。これは見た目で判断していることになるので，あまりよいことではない。子どもたちがきれいに黒板に書いてあったことを写していたとしても，思考力や表現力が育っているかどうかはわからない。

算数のノートは，自分の考えや友だちの考えを残したり，わからなかったことを整理したりするものである。また，高学年になれば，授業内容の先について，自分で広げていくためにも使うことがある。このようなノートは，一人ひとりの中身が同じにはならない。

たまに，「ノートの書き方8のポイント」などと，校内でまとめる取組を行っている学校があるが，わたしは意味がないと思っている。日付を書く。めあてを（　）で囲む。教科書のページ数を書くなど。先ほども述べたが，教師がこのような形式ばかりを大切にしていても，子どもたちの表現力・思考力は育たない。これはあくまでも最低限の指導であるということを認識しないといけない。

2 低学年と中・高学年のちがい

低学年の子どもたちに，授業内容について発展的に考えてノートに書くように促すのは時期的に早いが，高学年の子どもたちにはそのようなことができるようになってほしい。このように，低学年と高学年では求めることが多少違う。

低学年のノートには，図がたくさん残ることを教師は意識しておきたい。そして，図と式，図と数，図と言葉が対応できるようにしていくのである。

中学年と高学年には，図に加えて表を自分から書くようにしていきたい。表からきまりをみつけられたという経験や表を書いてみるとわかりやすくなったという経験ができるように，授業を仕組んでいくことがポイントになる。そのようなことができるようになっていけば，発展的に考えることを促していく。

3 言葉かけを考える

校内でどれだけ形式を決めていっても，我々の授業力は上がらない。では，どうすれば授業力が高まっていくのか。その一つは，言葉を考えるということである。子どもたちが進んでノートに図や表，自分や友だちの考えを書くようになるためには，どのような言葉をかけるとよいのかということを教師が考えるのである。一例として，わたしは3つの種類の言葉を意識している。

①承認する　②期待する　③価値付ける

「はみだしても大丈夫」「自分で図をかいてもいいよ」「式がかけたね。図もかけるといいなあ」「表があるとわかりやすいね」「先のことが書けるなんてすごいね」

このような言葉を一つでも増やしていくと子どもたちのノートも変わってくる。

若手教員が増える自治体において，算数授業力をどう高めていくか？

GUEST

沼川卓也（岩手県），中村　佑（宮城県），小泉　友（東京都），桑原麻里（宮崎県），千々岩芳朗（福岡県）

HOST

夏坂哲志

2022.05.03 on Zoom

授業力を高めるポイント SYMP

——授業力を高めるために どんなことを行ってきましたか？

沼川　算数に問題意識をもって，先生方との出会いを大切にしてきました。全国算数授業研究会（授業研）の岩手県大会のエネルギーに圧倒され，憧れの先生を追うようになりました。

小泉　教員になった頃は，教科書の内容を教えなきゃいけないと思ってきま

したが，子どもが言っていることを「面白いね，いいね」と肯定的な言葉を投げかけ，子どもが考えたくなる教材作りをしようと変わってきました。沼川先生同様，授業研の大会で，子どもが楽しそうに，先生はニコニコして授業しているのは何だろう？と思って，見たことをやってみて子どもが動くことを実感しました。また見に行って，授業を変えていきました。

桑原　現場の協議会に入ると，教科書をいかにうまく流すか，ペアや練り合いのタイミングなどの授業形態や，めあてとまとめの整合性，タイムマネジメントなどが話題になりま

す。自分で教材を考えたり数値を変えたりするなど算数を研究する面白さとは違うことが求められているように感じます。筑波大附小の授業を見て，教材を工夫し，子どもに目を向かわせるために何ができるかなど，自分が面白いと思っていた算数に改めて気付かされました。

夏坂　そうした協議会と授業研や筑波大附小の協議会は何がちがうのでしょうか？

小泉　桑原先生の話した協議会には，主語が"子ども"で語る子どもの姿がない気がします。教師が主語になっているように思います。

夏坂　指導案通りにできた，板書がきれいに書けたとかが授業力と捉えられているのかもしれませんね。

桑原　子どもが不意に言ったこと，想定になかったことに，どれだけ対応できるかが授業力だと思っています。分かっていること，尋ねていることに線を引きましょうなどルーティン化されていることをできることが，授業上手とされている風潮があります。

中村　初任や若い頃は，授業の1時間を完結されることを求められますが，そこから脱却する時期が必要だと思います。

千々岩　近所の大人が赤刷りをみて授業ができるのと同じであれば，我々教員がいる意味がありません。そこにプロとしての教師の授業力があるのではないかと思います。

夏坂　自分で色々と試してみて，子どもの姿を見ながら自分の方法を見つけていくということですね。

千々岩　異動したら算数の研究校でした。出張で筑波大附小の初等教育研修会に出て，人の多さにびっくりしました。「お疲れ様でした。大変でしたね」で終わる協議と違い，国

語部の協議会は「あなたのは授業じゃない」と言っていて愕然としました。正木先生の教室に行くと，何の変哲もない授業なのに子どもが湧き上がっていた記憶があります。2月14日に坪田先生はダースチョコレートを出して，1ダースは12という数字にこだわって授業をしていました。自分の考えている算数の授業とちょっと違うぞと思ったわけです。帰りに本をたくさん買って帰って，「先生は新しい算数を勉強してきたぞ」と子どもに言ってマネをしました。その単元が終わる時に，「次の算数は古い算数？ 新しい算数？」と聞いてきました。子どもたちもあまりに面白かったんでしょう。このままじゃ子どもたちに失礼だなと思って，筑波に勉強に行くようになりました。

夏坂 特に何が変わったんですか？

千々岩 言葉かけが変わりました。「どうしてそう考えるの？」と言葉をかけると，たどたどしくても考えて答えていく。紡いでいくと面白いものが見えていく。授業研では，近くで授業を見たくてビデオや写真係をよく担当しました。先生は子どもの何を見ているんだろう？ と観察していました。教材と子どもとの接し方，こんな言葉かけがあるのかな……，ここで方向転換したかな……と授業を多面的に見られるようになりました。

夏坂 教えたいことを前面に出すのではなく，子どもが自然に言うような提示の仕方で授業をしていく。研究会では何を見ていますか。

中村 子どものつぶやいている姿や声を聴くことができます。その為に，

研究会に朝早く来て最前列に座って，マイクでは聞こえない声を聴きに行っていました。また，先生方がすることには必ず意味があると思って見ていました。ちょっとした行為に，なんでそんなことしているんだろうな？ と考えて教室で試していました。「附属だからできるんだよ」と言われることもありましたが，いろんな手立てを打ってやっているからできるのであって，自分たちもそれをやれば近づけるんじゃないかと思っています。やって上手くいかない時は，足りない手立ては何かを考えることで見えてきたことがあります。まずはマネしてやってみないと分からないことがたくさんあります。

夏坂 生の研究会でしか見えないことがありますね。

沼川 地方ごとに自分自身が受けてきた授業があり，授業観がつくられていると思いました。地方大会で夏坂先生の授業を見た時，何をしているか，板書などの外見の凄い部分でしか分かりませんでした。協議会も怒ってやっているように見えましたが，子どものために，子どもが主語で授業をしないといけないよと発信していて，何回か見ていく事でそれが分かってきました。

中村 授業研は協議会が凄いです。研究授業しても「よかったですね」で終わりだと何がよかったのかな？ と思ってしまいます。「これは授業じゃない！」もある意味爽快です。

小泉 校内の協議会も最近は変わって来ました。どう変えたらいいかを校内で話し合うようになりました。よかったことは授業後に言ってあげてくださいと，上っ面でなく本質で

話すようにもなってきました。

夏坂 そうできたきっかけはありますか？

小泉 仲間との授業以外での関係性が大事だと感じています。普段のお互いのいいところは分かっていて伝え合う文化があるから，校内研では言いたいことを言い合おうという協議会になります。普段から職員室で授業を話題にしたり，ドアを開けておいていつ授業を見てもいいですよという風土を作ったりしました。人間関係作りが大事です。

千々岩 校内に方向性が一緒の仲間がいると，議論ややりとりを周りの先生に見てもらうことができますね。こんな子どもたちにしたいよね，こんな授業にしたいよねとお互いに授業を話し合える若い同僚がいると理想です。

──若い先生が増えてきて，意識していることなどはありますか？

桑原 若手の先生は，他のクラスの板書をよく見ていると感じます。「ど  んな授業だったんですか？」と聞いてくれると意図を説明することができます。特に，子どもの言葉やつぶやきが板書にあることも新鮮だったようでした。逆に，若手に「次こんな授業をしようと思うんだけど」と構想を話すと「授業を見に言っていいですか？」と言ってくれます。子どもがよくしゃべっているという姿を見ながら，先生自身がしゃべりすぎていることを振り返っている姿もありました。

沼川 若手の先生と算数をつなぐ働きかけをして，算数の本質を出し過ぎると退いてしまうことがありました。算数を教えることが簡単だと思っている若手や実習生が多いようです。やっていたのは，板書をグループでUP

して，上手くいったこといかなかったことを一行だけ書いていきました。1年間だけのつもりでしたが，異動しても続いていくようになりました。若手が知りたくなった時に情報を提供できるといいです。

千々岩 算数の授業がうまくいったら，子どもの声が聴けるようになり，他の教科の授業もうまくいきます。沼川さんを見て若手がうまくなり，その若手を見て周りもうまくなっていると思います。授業研の生のよさは空気感。子どもと先生の生のやりとりが感じられ，そこから学べることがあります。

夏坂 ちょっとずつ気になるようにしていく。子どもが変わったとか，自分が実感できることが大事ですね。教科書はどのように活用していますか？

千々岩 自分で教材を作るようになったら本を読んでも，教材はできるだけ見ないようにしています。マネしないで，自分の中で教材を作ってみようとしていきました。まずはマネすることがあっていいと思います。子どもが変わったことに自分で気が付けるかどうか。次第に手ごたえが出てきます。

夏坂 教材を見ないって面白いですね。教材ではなくその背後に流れている考え方を大事にするということですね。オンライン研究会の可能性は感じますか？

小泉 参加のハードルが低いのはいいです。無理に交通費や時間をかけなくていいので若手や地方の先生方はハードルが下がっているようです。

千々岩 小さな研究会にも，あり得ない場所から参加することや講師を呼ぶことが可能になります。普段は話を聞けない先生がそこにいると勉強になりますね。

桑原 東京は遠いのでオンラインはありがたいです。飛行機やホテルで1，2泊するのは費用も時間もハードルが高いです。職員全員が東京に出張に行くのは無理ですが，オンラインでも講師として招けば，職員40人が話を聞くことができます。

中村 対面の時は研究会後の飲み会で授業の話ができることがよかったです。協議会で言えなかったことも飲み会だと聞けるし，話せます。オンラインでも誰かがやったことをみんなで聞くことは楽しいですが。

夏坂 コロナ禍が終息してもオンラインの研究会はなくならないでしょう。うまく活用したいものです。最後に授業力を高めるとは結局何でしょうか？

小泉 子どもを見ることに尽きると思います。子どもをよく見て，「認める，褒める，価値付ける」と1つずつステップアップできることが授業力だと思っています。価値付けるというのは教科の本質が分かっていないとできません。子どもが新しく算数の内容を見いだした時に，教師が入っていくことも必要です。算数・数学に迫れるように，子どもの姿を見つけて，価値付ける力が必要だと思います。

夏坂 教材分析ができないと価値付けられない。教材研究したことを子どもに返して算数の本質の楽しさまで連れていくことが大切ですね。

千々岩 教材解釈の物差しをたくさん持つことですね。子どもの言っていることに何の価値があるんだろうと解釈して返していくために。また授業中はクロスチェック（飛行機の計器を一瞬で把握すること）ができるようにしたい。教室の隅っこでピクって動いたことを感じ取るのです。夏坂先生は大体角っこに

いる。今は，前で授業をして動かない先生が多い。

夏坂 授業中どこを見ているんですか？　と質問されたことがあります。
教室全体を漠然と見ているけど，子ども一人ひとりの反応は見えていると思っています。

桑原 私にとっての授業力は授業中の子どもの声をどうキャッチしてどう生かしていくか。そのためには，事前にどういった子どもの反応がありそうか，どんな考え方があるか等，深い教材研究が必要です。

沼川 自分の力不足を自覚して慢心しないように心がけています。地方から身銭を払って，見に行くと授業が上手くなったぞと錯覚してしまうことがありました。勇気を出して聞いてみたり仲間と共に考えたりすることが授業力を高めるために必要だったと思います。

中村 いろんなきっかけや出会いをキャッチできることが大事です。若い先生を巻き込んで，その先生の気付きや困っていることに順応していく，若い先生のために何ができるかと考えていきたいと思います。

千々岩 あと何年授業できるだろうと思うと，自分が味わってきた楽しかったこと，勉強してきたことを楽しんできたことを伝えていきたいです。

＜座談会を終えて＞　日々の授業でも研究会でも，子どもを見る，子どもから学ぶことを大切にされていた。一緒に高め合う仲間をどう作り広げていくのか，全国の先生にも試してほしい視点の溢れる座談会となりました。先生方お忙しい中ありがとうございました。

（文責：田中英海）

指導者の「ゆるぎない主張」が必要

大野　桂

研究授業には，指導者の「ゆるぎない主張」が必要である。だから，研究授業に臨むにあたっては，徹底的に教材研究と子どもの実態把握が必要となる。

3年「小数」で，研究授業に向けた教師の主張の一例を示し，その具体を述べる

問題点1：知識の伝達となっている現実

3年「小数」の導入授業は，以下のように，知識伝達で指導してしまうことが多い。

1Lを10等分した1つ分を0.1L。
目盛りは6つめなので，0.1Lが6つ分で0.6L。

0.6L

小数表現自体は教えるべき内容なので伝達指導でよい。しかし，「10等分した……」という部分は，子どもに発見させたい内容である。

問題点2：知っている子ども頼みの現状

授業を問題解決的に行い，子どもの言葉で学習のねらいを達成する授業もよくある。

T：満杯まで入っていない水は何Lといえばいいの？

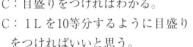
□L？
⇩

C：目盛りをつければわかる。
C：1Lを10等分するように目盛りをつければいいと思う。

しかし，これも「10等分すること」を問題解決的に発見したわけではなく，知っていた子どもが知識を発言したに過ぎない。

これらの問題点を解決すべく，2つの改善の方向性を提案したい。

改善案1：「半分」で導入

量分数が既習としたときに，$\frac{6}{10}$と表現ができればよいが，これもこの場面で10等分する必要感はないので想起は難しい。

そこで，「10等分」を引き出すきっかけとして，まずは日常語として用いる「半分」を引き出し，液量図における「半分」の表現方法を考えていく方向性を考えた。

改善案2：「5が使えないか？」を引き出す

「半分は2等分」と判断する子どもが多数あらわれるだろう。実は，これが解決すべき問題になり得ると考えた。

「10の半分は5」をイメージすることに困難はない。この感覚に働きかけようと思ったのだ。例えば，「1000Lは，100Lが10個分だから，その半分は5個分で500L」のように，「10個分の半分の

半分は何L？	
1000Lの半分は？	→ 500L
100Lの半分は？	→ 50L
10Lの半分は？	→ 5L
1Lの半分は？	→ $\frac{1}{2}$L

5個分だから，半分には5を用る」をまずは想起させるのである。そして，自然と表出するであろう「1Lの半分は$\frac{1}{2}$L」に着目させ，「1Lの半分$\frac{1}{2}$Lというけど，5を使って表すことができないか？」という本質的な問いを引き出そうと考えたのである。

このような，教材研究上の課題，先行実践や教科書題材が子ども乖離していることの課題などを洗い出し，それを改善していく授業者主張が研究授業には欠かせないのである。

授業のねらいに対して，
授業者が何をしたかを見る

夏坂哲志

◆授業は，教室の前方から見る

授業研究会が教室で行われるとき，教室の後方で見ていることが多い。子どもの視界に入らないし，黒板や授業者の仕草などがよく見えるからかもしれないが，これでは肝心の子どもたちの表情を見ることができない。

子どもが笑っているのか，困った顔をしているのか，うなずいているのか，首をかしげているのか，集中しているのか，だんだんと飽きてきているのか，等々，子どもを正面から見ると，様々な反応を見ることができる。

私は，このような子どもの反応が気になるので，できるだけ前方から授業を見るようにする。授業者が発する言葉や動きに対して，子どもの表情や動きがどのように変化するのかを見ることは，その授業者の働きかけが有効に働いているかどうかを判断する一つの指標となる。そこで得た情報は，自分が授業をするときにもきっと役に立つだろう。

◆自分が授業者だったら……

子どもの表情を見ながら，「自分が授業者だったら，どの子を指名するかな？」「次にどんな発問をするかな？」のように考えてみるとよい。もし，授業者が，自分が考えていたのとは違う発問や指示をした場合には，その意図を考えたり，その後の展開を自分が考えたもの（理想通りに展開するとは限らないが）と比較したりすることによって，自分の対応力の幅が広がるかもしれない。

◆指導案をどう読むか

指導案はあくまでも案である。指導案通りに授業が流れているかどうかを追っても，あまり意味は無い。

それよりも，指導案に書かれている授業者のねらいや意図を読み取り，そこに近づくためには，授業者のとった手立てが有効であったのかどうか，もっとよい方法はなかったのかどうか，扱う順序は適切だったのか，などといった観点から，授業を見るとよい。

授業者は，子どもの反応に合わせて，あえて指導案に書いたこととは違うことを行うこともある。そのことの是非について，検討を加えることが大事だろう。

以前，田中博史先生が「ときには，指導案を読まずに授業を見ることがあってよい」と話されていた。授業前に指導案を読んでしまうと，授業者の意図を知った状態で，扱う教材や提示の仕方，発問等を解釈してしまうからだ。

しかし，子どもは教師の意図がわからずに素直な状態で問題に向かっている。大人でさえ指導案を読まなければ何をやりたいのかがわからないような授業では，子どもがわかるわけがないということになる。

◆代案を考えてみる

もし，うまくいかなかった点があったとしたら，その代案を考えてみるとよい。きっと自分のクラスで試したくなることだろう。

板書の写真にメモをつけておく

中田寿幸

　毎時間，授業の終わりに板書の写真を撮っている。

　写真フォルダにそのまま入れっぱなしのときもあるが，できるだけワードに貼り付け，ひと言，ふた言でもメモを残すようにしている。先日行った3年生のわり算の導入の授業の板書には次のように書いてあった。

> 　どう分けますか？　と聞いた。分け方自体を聞きたいと思ったため。
>
> 　1人分を聞いたら，答えを出して満足してしまい，分け方に焦点がいかなくなると考えた。分け方はよかった。しかし，式化するときに状態を表すことができても，求める部分がわからないままになる。
>
> 　3×4＝12と4×3＝12の式の意味を明日，考えさせたい。

　この日，わり算の導入を等分除で行ったが，子どもの分け方を見ていきたいと考えていたため，ブロックの操作に時間をとっていった。そのため，かけ算の式が2つ出てきたところで，終わってしまっていた。そこで，次の時間の方針を立てているのである。

　このファイルにはそのあとの4日分の板書の写真がはってある。そこへのメモはそれぞれひと言ずつである。

「？が出てきた」

「□を使ったかけ算の式からわり算の式」

「包含除。□を使った式はやはりわかりやすい」

　板書を見てそのとき思っていることをメモにして残している。

・自分が考えていなかった子どもの表現

・授業の題名

・授業で確かめたかったこと

　このときの3つのメモを振り返るとそんな意味を書き残している。

　毎時間，板書の写真を印刷して，ノートに整理してまとめている先生がいた。見事な振り返りであった。できる人はぜひやってみてほしい。しかし，私にはそんな丁寧なことは続かなかった。短く，感覚的ではあるが，思い浮かんだ言葉をメモしているだけである。残しているのは短いメモだが，授業後に考えたその日一番の反省である。このひと言がついていない板書の写真だけの記録も残っている。ところが，板書の写真だけを見ても，授業を再生することが難しい。ひと言メモがあるだけで，その授業を見直す切り口になる。

　最近は授業ビデオを撮ることが多くなった。ところがビデオは一覧が難しい。そして，見返すのに時間がかかる。ただし，時間をかけて深く見直したいときにはよい。

　胸に入れたスマホで授業を録音しておき，帰りの電車の中で聞くときもある。授業中の自分の言葉の発し方に反省することがよくある。自分が続けられる方法を見つけてほしい。

子どもを主語にして語り合う

東京学芸大学附属竹早小学校　**沖野谷英貞**

1 先輩からの一言

「先生がやりたいことに子どもを付き合わせるんじゃなくて，子どもがやりたいことに先生が寄り添うべきなんじゃないの？」協議会の際に，先輩から言われた言葉である。

授業にはねらいがある以上，教師は意図をもって展開する必要がある。しかし，私はねらいを達成しようとするあまり，教師にとって都合のよい意見を中心に授業を展開してしまった。協議会の後，子どもたちにどのような学びがあったのか，授業者としてきちんと理解しようとしていない自分を反省した。

では，子どもを理解するとはどういうことなのだろうか。私自身，現在進行形で考えている問いである。

2 子どもを主語にして語り合う

研究授業の協議会では，問題提示や発問など，ややもすると教師の手立てに議論が終始しがちになる。しかし，私は学び手である子どもを主語にして語り合う協議会にしたいと考えている。換言すれば，授業中の子どもの姿（事実）を根拠に語り合う協議会といえる。

その際，子どもを「外から見る」のではなく，「中から見る」ことを意識している。

子どもを「外から見る（点線の矢印）」とは，子どもの言動を教師が評価することだと考える。「○○くんは，答えが出せなかった。九九につまずきがあるな」など，子どもに対して，教師が自分の評価を加えている状態である。

一方で，子どもを「中から見る（黒の矢印）」とは，刻一刻と変わる授業の中で，その時その時，子どもが何を感じ，何を考え，何をしようとしていたのかを読み取ろうとすることだと考える。子どもが見ようとしている世界を，教師が一緒に見ようとする行為，すなわち共同注視である。「○○くんは，答えが出せなかった。きっと，答えを出すことより，図を使って決まりを見つけることに楽しみを感じていたからだと思う」など，子どもの立場になって考えている状態である。この場合，協議会では，子どもが答えを出すことに価値を感じていなかったという事実から，教師の手立て（問題設定）を見直すこともできる。

3 研究授業及び協議会の価値

私は子どもを「中から見る」ことが，子ども理解の第一歩だと考える。子どもの自己実現を支援することが教師の仕事だからである。しかし，授業者一人ですべての子どもを見ることは難しい。だからこそ，協議会を通して，子ども一人一人の学びを参加者全員で共有することに価値があるのではないだろうか。

SNS をどのように活用していく のか？

慶應義塾横浜初等部　**前田健太**

1 なぜ今 SNS なのか？

これまで教育実践を発信する媒体としては，雑誌が中心であった。雑誌は名の知れた著名な先生が書かれたものが多く，中身が充実していて，非常に学びがある。一方で，雑誌は限られた人しか執筆できない。特に若い先生にその場が与えられることは少ない。つまり，若い先生にとって自分の教育実践を発信できる場は意外と無いものだ。「研究会があるではないか。」という意見もあるだろうが，実はリアルの研究会はある程度の人間関係の中で組織運営されているので，これまた若手が意見をしたり，発表したりするのにはかなりハードルがある。そんな状況ではじめたのが SNS，特に twitter での発信だ。SNS では自分の意思で自分の好きな内容を好きなタイミングで多くの人に発信することができる。これが一番の良さだ。

2 SNS 発信からひろがる学びの場

私の SNS 発信の一貫したテーマは，「毎日の授業（板書）」を公開すること。著名な先生の公開授業での特別な1時間を見て凄いと感じる。ただ，その先生の毎日の授業，研究授業にならないような普通の授業にこそ私は興味があった。だから，まずは自分自身が日常授業を公開することにしたのだ。最初は投稿に対して誰からも反応はなかったが，徐々にコメントなどを頂けるようになった。そして，ある対面式の研究会でそれを見て頂いていた数

名の先生からお声掛け頂き，板書交換サークルを立ち上げた。Twitter のような公開の場では抵抗があるということだったので，日々の板書写真を非公開の場である LINE で見せ合うというものだ。全国の先生の追試をしたり，授業内容や板書技術についてコメントしたりし合う，とても刺激的な場が生まれた。

さらに，一昨年の一斉休校では日々の板書交換ができなくなった。そこで，教師の学びを止めないために，メンバーが呼びたい先生を招いての月例会をオンライン会議システム Zoom で行った。講師の先生と神奈川，東京，広島，宮城，新潟，愛知，福島に住んでいるメンバー全員が集まるのはそう容易ではない。でも，SNS と Zoom などのオンラインはそれを可能にする。ちなみに，講師への御礼も兼ねて必ずメンバーは会の学びを SNS で発信するというルールにしていた。会での学びをアウトプットやシェアする場としても SNS は機能していたわけだ。

3 SNS の危険性も認識すべき

これまで SNS の利便性を中心に述べてきたが，SNS には多くの危険性がある。詳細はここでは書かないが，一つ間違えば大事故になりかねない。また，対面式の研究会だからこそわかる空気感や繋がりもあると思う。SNS のメリットやデメリットを慎重に検討した上で，SNS を利用する必要があることは強調しておく。

「いま大切にしたい学び」を広い目で明確にする

お茶の水女子大学附属小学校　**岡田紘子**

1 小中高大の教員による連携研究

お茶の水女子大学は，同じ敷地内に，附属幼，小，中，高もある環境を活かして，毎月1回ほど連携研究を行っている。その中の1つである算数・数学部会では，研究テーマを「小中高の視点から算数・数学の授業をつくる～統計的問題解決力の育成に向けて～」とし，各教員の授業実践や，学習指導上での問題など，さまざまな情報交換を行っている。そして，2016年度からは，「Dデータの活用」の領域に焦点を当て，成果を毎年春分の日にシンポジウム等で発信している。

2 連携研究で見えてきたこと

当部会では，各教員が実践を持ち寄り，報告のみならず，これから行う授業について議論や相談などを行なっている。昨年筆者は，小学2年生のデータの活用の授業の実践にあたり，各校種の先生方に相談をした。実際に給食の残菜を減らすためにどうしたら良いかについて，その方策を考え，方策の前後でアンケートを取ることで，方策が成功したかどうかを検証するという取り組みに関するものである。筆者がアンケートの取り方について悩んでいることを部会で相談すると，私たち小学校教員とは違った切り口からの意見を聞くことができ，いただいた意見を踏まえて実際の子どもたちの実態を考慮することで，授業を練り直すきっかけとなった。

また以前，2年前の部会の研究において，「統計的問題解決に関する方法知」について，各校種で議論を行った。その際には，例えば「中学校では指導したい内容であり，高校では必ず身につけたい内容であることを踏まえると，小学校においても，外れ値かどうかの判断や，外れ値があれば除くべきかを検討することを授業で経験させられれば良い」など，「経験させたいこと，触れたいこと」「指導したいこと」「必ず身につけたいこと」「当たり前のこと」と段階を分けて，統計的問題解決に関する方法知の系統について話し合った。このように，他校種と連携することのよさは，「カリキュラムについて広い目で捉える機会を得られること」があげられる。「算数・数学科で統計の何を学ぶべきか」といった各校種での段階について議論することで，小学校段階で丁寧に扱いたいことや，その後どのように中・高へと繋がっていくのかが見えてくる。

以下の附属学校園HPに，上記の方法知を含め，これまでの本部会の研究成果・活動報告，授業で役立つ統計データやワークシート等も掲載されている。ご興味がある方は，ぜひHPを覗いていただきたい。

【お茶の水女子大学附属学校園連携研究　算数・数学部会HP】

https://www-p.fz.ocha.ac.jp/renkei/d_math.html

算数授業研究, 2022, No.141

授業後授業外の授業力を高める！

質問できる場，提案できる場を
複数もつ

田中英海

1 聞くことで広がる

　授業力を高めるために手っ取り早い方法は，質問することだ。所属する自治体の教科研（東京都などは悉皆）に参加して，そうした存在を見つけるといい。始めはよく分からないことが多いし，全体の場で意見を出すことはかなり勇気がいる。会が終わった後や懇親会は話を聞く絶好のチャンスである。職場以外に勉強，研究できる場をつくるのである。

　私の場合は，仲良くなった先生のいる勉強会（研究会）に参加させてもらったり，誘ってもらったりした。1年前後で参加しなくなった会もある。大学教員もいる教材論中心の会，授業論中心の会，子ども観を鍛える会，教師の感受性を高める会などにも参加した。若いうちは1つに絞らず，自分に合う勉強会を探すことが自分のやりたい軸をつくるために大切だと思う。

　慣れてきたら実践をまとめて提案をしたい。その研究会ごとの習わしがあるので一概にこうした方がよいとは言えないが，実践記録をまとめる行為自体に価値がある。授業の逐語記録を作り，板書やノートを振り返ると，授業している時には見えなかった事実が浮かび上がってくる。提案することで，他の先生の意見をもらえる。実践を多面的に分析し，一人では気付けない教材や授業の代案を見いだすことができる。さらに提案する会が複数あるとよい。その研究会ごとで大事にしている

視座が違うからこそ，いただける質問や意見が違い，授業を多面的に見ることができる。

2 つながりをつくる

　この数年は対面での勉強会ができていない反面，誰でも参加できるオンラインの研究会やSNSでの発信などが一気に広がった。本校算数部の『算数授業研究』の公開講座やGGゼミなどにも多くの先生方に参加してもらっている。オンラインは気軽に参加できるよさもある。

　一方で，対面の研究会や勉強会が再開したらぜひ参加して人とのつながりをつくることをお勧めしたい。私自身も筑波小の講堂での公開講座などに参加して，参会の人と何度か顔を合わせていくうちに全国の先生とつながりができてきた。地域を越えて学び合い，情報交換ができる。

　近くに一緒に学び合う仲間を見つけられないのであれば，まずは全国算数授業研究会の月報を見るといい。各地域で
頑張っている先生を見つけて連絡を取ってみることもいいだろう。おかげさまで「算数授業研究」の支部も増えてきている。筑波小算数部も各地域や支部の先生を紹介できるので，一緒に学んでいく仲間が欲しい人は連絡をしてほしい。

子ども達も教師もひまわりのように輝く会を目指して

雙葉小学校　**永田美奈子**

1 女性の先生方が中心の授業研究会

平成22年度に設立されたひまわりの会。当時は，まだまだ女性の先生が研究会で授業をしたり，協議会などで話をしたりすることが少なかったので，「もっと女性の先生方も発信してよいのではないか」「もっと女性の先生方が活躍できる場を」と設立された。本研究会は，小さくても，女性の先生方が忌憚なく話ができ，それぞれの力量を高めていく会を目指している。設立から10年以上がたつが，今でも活動は続けている。活動を続けるにあたっては，次のようなことを心がけている。

2 会員の意向を大切にする

ひまわりの会は，授業研究会を主としてきた。これまでに青森県で3回，福島県で1回，東京都で3回，所属校の校長先生の温かいご理解とご支援のもと，授業研究会を開いてきた。その際には，田中博史先生，夏坂哲志先生，熊本の宮本博規先生を講師としてお迎えし，とても充実した会とすることができた。授業研究会は，「研究会を開きたい」と申し出た会員の学校で行うようにしている。それぞれの学校の事情もあるので，こちらから無理にお願いすることはしない。だが，やはり授業研究会を行うと，学ぶことは大きい。今後も全国各地で行われることを願っている。

3 無理をせず形を変えても活動は続ける

毎年授業研究会を開くとなると，主催者側も苦しくなるので，授業研究会を行うことができなかった年は，会員の間で実践発表をするなど，臨機応変に対応してきた。また，昨年度からは，感染症のため，対面での研究会を開くことはできていないが，2か月に1回，森本隆史先生に講師をお願いして，オンラインで勉強会を続けている。大切なことは，無理せずに活動を続けていくことだと思っている。

4 出逢いを大切にする

会員の先生方は，北は青森から，南は鹿児島まで，全国各地にいらっしゃる。全国算数授業研究会に携わっている方もいらっしゃるが，それ以外の方もいらっしゃる。その先生方は，私が筑波大学附属小学校の様々な研究会に参加した時に出逢った方々である。中には，たまたまバスの隣りに座って知り合いになった方もいらっしゃる。また，幸いなことに，これまでに本を出させていただいたり，他の研究会とのコラボ研究会を行ったり，いろいろな活動をさせていただいた。これも今まで出逢った方々とのつながりのおかげであり，感謝の気持ちでいっぱいである。これからも出逢いを大切にしながら活動していく。子ども達も教師もひまわりのように輝く会を目指して。

教えない算数

國學院大学栃木短期大学　**正木孝昌**

1 思えば遠くへ来たもんだ

気が付いたら齢，なんと八十二歳になっていた。なんと遠くまで来たものか。日頃あまり自分の年齢を意識したことはない。

五十になった頃だったろうか，授業相手の子どもたちとの年齢の差について本気で考えたことがあった。教師をこのまま続けるなら子どもとの年齢差はだんだん広がっていく。これ以上年齢の差が広がるのに任せたら同じ考えを共有することができなくなるかもしれない。同じものを美しいと感じたり，面白いとのめり込んだりすることが難しくなるかもしれない。もし，そうなったら，これは教師として致命的な傷を負うことになる。想像して怖かった。苦しんだ。本気で焦った。

しかし，これだけは抵抗のしようがない。せいぜいそのような惨めな状態に陥らないように気を付けるしかない。

2 教えない算数

その頃，心に決めたことがある。算数は教えないことにしようということである。算数は教えてはいけない，算数は子どもの中に有る，それを引き出せばいい，ということである。

例えば，七の段の九九の答えは直接子どもに教えないようにしよう。それは子どもに考えさせればいい。答えを作らせればいいと。

そんな時，邦彦との授業に出会った。もう50年も前の話である。2の段と5の段のかけ算について考え終わった後，いきなり「7×6はどうなるかなあ」と子どもたちに訊いてみ

た。子どもたちは困った。子どもの中には九九の唱え方を知っているのもいた。でも彼らがそれを披露しても誰も納得しないことも知っていた。そこで数人が7×6の絵を描いた。その中で邦彦は次の図を描いた。

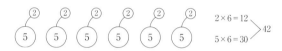

私は一瞬驚いた。2年生の子どもは数が登場する場面を絵や図で表したことはあった。しかし，まるの中に数字を書いてまるの大きさを表すというのは初めてだ。このままだと液量のようにも見える。子どもに分かるだろうか。心配だった。

しかし，先生の心配はどこ吹く風，子どもは「良く分かる」と大喜びである。そこで私も子どもの調子に思いきり乗ってみることにした。

「なるほどね。こうすれば7が2と5に分かれてみえる。良く分かるね。それはそれとして，この大きい○と小さな○をつないでいる棒はなんなんだよ」これは邦彦に尋ねたのではなく，子どもたちみんなに向けた問いだった。

この問いに対しての子どもたちの反応は速く，活発だった。何十年も以前の授業を今でも思い出すのは，このときの子どもの活発な反応，大騒ぎになったことが印象にあるからである。邦彦ではない，他の子どもが飛び出すように前に出てきた。そして，叫ぶように

言った。

③ ストローでチュー

「それはストローだよ」「ストローでチューと吸ったんだよ」これが大方の子どもの見え方だった。考えてみれば可笑しなことである。何か液体の入った袋にストローを突き刺し中身を定量吸い出す。吸い出すのは生き物だろうがやっぱり小さな袋状のものである。「2吸った」などと言っている。その単位は何だろうか。全く子どもたちは気にしていない。

私も気にしないで，子どもたちの姿に素直に共感することにした。

「成程ね。ストローでチューですか。よく分かるなあ。それで，どうなったのかな。」

『7が5と2になった』みんなが口々に言う。大切なことはちゃんと見えているのだ。

子どものとらえ方に曖昧さは残る。これで7×6を分配のきまりを使って子どもたちが解決したなどと言うつもりはない。ただ，今まで自分の知らなかった九九の答えを他から教えて貰わないで，自分で何とかしようと思っている。そして，7×6に働きかけている。

④ 働きかけるということ

授業では，子どもが対象に働きかけるということが最も大切である。働きかけるとは自分の力で相手を動かしたり，変えたりすることである。問題場面が生まれたとき，その場面の中に必ず可変,可動の部分がある。と言うよりも，何としても問題の中に可変, 可動の場所を見つけて，それに働きかけて良く子を育てたい。それが授業である。

「7×6はどうなるか」という問題場面には子どもが自分で決めてよい部分がたくさんある。たこ焼き7個ずつ6皿」でもいいし，「6週間は何日でもいい」自分の働きかけ易

いものなら何でも自分で選べばいいのだ。たまたま邦彦にはジュースが見えただけのことである。だから，私が喜んでいるのは，子どもたちが見事に7×6を解決したということではなく被乗数の7に働きかけたということなのだ。2の段と5の段は既に考えた。だから，7×の7を何とかしようと学級全体が動こうとしたことなのだ。

⑤ あわてない活動の広がり

「先生，もうちょっと吸おうよ」一人の子どもが言う。すぐに聞いてやりたいがここで慌ててはいけない。「もうちょっと吸う」の意味が全体に広がるまで待たなければならない。

「ストローで吸って2と5に分かれた。そこで7×6が5×6と2×6に分かれた。それぞれの答え30と12を足して42。これが7×6の答え。ここまではみんな納得した。ところが，もっと吸おうと千賀子がいう。これはなんだろうね。先生も分からない」授業者も一緒に困っている。パラパラと手が上がり始める。

子どもは確かに分配の決まりについて考え始めている。しかし。そのほんの入り口にいるに過ぎない。7×6というほんの小さな入り口に立っている。これをもっともっと大きくて広い世界に連れていく。もうちょっと吸うと7は3と4になる。これではうまくいかないだろうという子どももいる。でもやってみようということになる。この段階では3×6も4×6もまだ未知のはずだが，子どもたちは恐れない。乗り越える気である。自分たちで働きかけ，自分の世界を広げていく。授業者は決してあわててはいけない。

これが授業である。活動である。

「さ」「し」「す」「せ」「そ」と，本時「授業力」を高めるには

本時の目標を明確にし，評価を計画し実行しよう

──目標に向けた「瞬時の評価」ができる先生になろう

元立教大学　**黒澤俊二**

1 「授業力」を感じるとき

　先日，棒を正方形に並べていく，ポピュラーな「変わり方調べ」の授業を参観した。棒が並べられ正方形が一つ，二つ，三つと見えてくる状況に，多くの子どもたちがハッスルして発言し始めた。そのなかで，ある子どもが「だんだん増えていく」と発言したときである。先生は探し当てたかのようにその子どもの発言をさっととらえ，冴え渡る声で「『だんだん増えている』か。」とさりげなくつぶやいた。そして，静かに，染み入るように「『だんだん』ね。」「『だんだん増えている』か，」とオーム返しのように子どもの言葉を何回かリボイスし続けた。さらにすかさず，素早くすーと「何が『だんだん増えている』かな？」と子どもたちに攻め入るように「主語は？」と迫り問い返した。そつなく相互に作用し合う会話が始まった。

　教材に働きかける子どもの発する姿を探り探しあて，これぞと思う言葉を仕組み仕掛け会話を進め，子どもの価値ある発言を契機に攻め迫って，相互に学び合う知識の創出を狙っていくこの先生の姿に，素晴らしい「授業力」を感じ取ることができた。

　なぜならば，その一連の状況設定とそれに働きかける子どもの発言の流れに「関数の考え」を育てる意図的な行為をみてとることができたからだ。しかも，その意図が目標として具体的な子どもの姿に表現され指導案に明記されていたからなお一層感動したのだ。

2 「授業力」とは何か

　このように「授業力」が高いと感じることがたまにある。今まで多くの授業を参観してきたが，残念ながら授業力の高さを感じる授業実践になかなか出会わないのが現実だ。勿論自分の授業力もさほど高くならなかった。

　そこで敢えて「『授業力』」とは何か」と自問自答してみた。「授業力」とは，授業をする際の力量であるから，当然，限定的には授業中の先生の行動の力量である。「授業力」で問われるのは，授業で学ぶ子どもに対応する先生の行為の適切度の程度である。勿論程度の高い「授業力」が求められる。

　例えば，前述のような，先生がセットした状況に子どもが働きかける姿を「探り探し」，本時目標に何かい「仕組み仕掛け」，子どもとの会話を「進め」，目標達成に「攻め迫り」「相互作用を起こす」といった行為である。「さ」「し」「す」「せ」「そ」と子どもに対応し目標達成へ行動する高度な力量だ。

③ 目標の明確化

その限定的な授業中の「授業力」を適切に高度に発揮するには幾つかの前提がある。一番大きな前提は，子どもを思い，本時目標達成を願い求める身心共に健康な「態度」である。授業は「態々する」のであるから，面倒を感じない健康で意欲的な態度が必要だ。

そうなのである。目標達成が授業をする意味でありその本質である。なぜならば，学校教育は，何らかの目標達成に向けた意図的，組織的な機能機関であり営みであるからだ。

であるから，前述の授業例では，「『関数の考え』を育てる」という明確な目標が表明されており，その達成に向けて適切な，「探り・探し」「仕向け・仕掛け」「進め」「攻め・迫り」「相互作用を創出する」という先生の行為をみてとることができたのである。

すなわち，目標がまずあり，その達成を目指し状況を設定し，その状況下に目標に見合う子どもの姿を「探り・探し」，「仕向け・仕掛け」，子どもの会話を「進め」「攻め・迫り」「相互作用を起こす」のである。であるから，「授業力」を高めるには，まず「本時の目標」を明確にすることから始めよう。

「目標の明確化」とは，抽象的な目標内容を，より具体化し，より重点をかけて設定することである。例えば，前述の「『関数の考え』を育てる。」という目標では不十分である。なぜならば，本時での具体性に欠けるからである。「関数の考え」とは具体的にどういうことか，何処に重点を置くのかである。子どもが「変化する数量に気づき，多変量で

あることがわかる。」とか，「多変量のなかに，関係し合っている依存関係に気づき，『変われば変わる』関係がわかる。」とすればより明確になってくる。さらに本時では……と，具体的な「関数の考え」を明確にし，本時の重点目標をより具体的に定めていくのだ。

④ 実践で鍛える「授業力」二つの力量

目標が明確になればなる程，本時の具体的な目標に対応した子どもの姿が明確になる。目指す子どもの姿が明確になると，「授業力」として二つの先生の仕事が明確になる。

一つは，目指す子どもの姿を生み出すための，教材，場面などの状況設定である。そしてもう一つは，状況のなかで教材に働きかける子どもの具体的な姿を，目指す子どもへと進め勧め薦め奨めていく評価活動である。

とくにこの「評価活動」が重要な授業力である。指導案の計画通りに，案の定子どもの発言など働きかけがあれば，取り上げ，フィードバックする。これが本当の意味での評価活動だ。目標につながる子どもの言葉や操作を計画し，出てきたら取り上げ，オーバーリアクション気味に価値づけ，瞬時にフィードバックする。「瞬時の評価活動」である。

明確になった目標である子どもの姿が生まれるような状況設定の力量と，計画した子どもの姿が表出したときの瞬時の評価活動の力量を，「さ」「し」「す」「せ」「そ」と実践で鍛えていこう。参画し，思考し，数学的に考え，生活に役立て，相互に学び合う子どもの成長を目指し「授業力」を鍛えていこう。

おもしろ問題

四角柱を比較中（6年『角柱の体積×比』）

明星学苑明星小学校　岩崎佑亮

1 同じ紙からできた2種類の正四角柱

一枚の長方形の紙を半分に折ってから一度開き，折り目に合うように両端を折ると底面のない四角柱ができる。この時，実は同じ折り方でも2種類の四角柱ができる。仕掛けは一番最初。半分に折るときの折り方によってできる形が変わる。実際に折り方だけ説明してから子ども達に作らせると，自然と「あれ？」とつぶやき，折り方の違いによってできる四角柱が違うことに気づいていく。

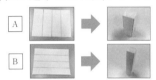

2 体積が大きいのはどっち？

2種類の四角柱ができる事に気づいたところで「体積はどちらの方が大きいの？」と発問をする。すると子ども達はそれぞれ予想をした後に，もとの紙の縦と横の長さを聞いてくるので，長さを伝えると自然と体積を計算し始める。ここでは一般化を図るために文字でおいて計算をしていく。短辺を$a$cm，長編を$b$cmとすると，$b > a$となる。

Aの体積は，$\dfrac{b}{4} \times \dfrac{b}{4} \times a = \dfrac{ab^2}{16}$

Bの体積は，$\dfrac{a}{4} \times \dfrac{a}{4} \times b = \dfrac{a^2b}{16}$

よって「Aの体積：Bの体積＝b：a」となり，体積比は長方形の辺の長さの比と同じになる。

3 授業で比を考えたくなる数値設定

実際に授業を行った際の板書が下の画像である。今回は「比を活用して比較したい」という考えを子どもから引き出したかったので2種類の紙を使った。一枚目は16cm×24cm（3：4）の紙を使用した。この紙での体積を求めると576cm^{3}と384cm^{3}となり，比較した際に比が見えにくいので「192cm^{3}も違う」と，子ども達は差で捉えていた。二枚目に使用したのは20cm×40cm（2：1）の紙だ。この紙での体積は，2000cm^{3}と1000cm^{3}となり，1：2の関係に気づき始めた。すると一枚目の体積も比の関係になっているのではないかと，調べ始めていた。

2種類の紙でそれぞれ作られる四角柱の体積について調べた後は，「絶対にAが大きくなるのだろうか？」や「底面の面積はそのような関係になっているのだろう？」と新たな問いを生み出していた。提示の順番や数値設定は，ねらいに合わせて様々な工夫ができるので，これからも研究していきたいと思う。

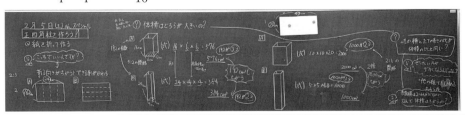

『子どもと接するときにほんとうに大切なこと』

田中博史・著

キノブックス

　子どもたちと過ごすようになってずいぶんと経つが，未だに「あのしかり方は失敗したな」「ほめるタイミング違ったかも」ということがある。ほめ方やしかり方というのは，子どもの数だけ，場面の数だけバリエーションがあり難しい。

　保護者の方とお話をしていると，「宿題をしなくって，ついついしかってばっかりになってしまうんですよね」といった悩みによく出会う。自分のことを振り返っても，家庭での子育てでもほめるとしかるは悩みの種である。

　子どもと接するポイントは「ほめること・しかること」なのだろう。この二つが上手に出来るようになれば，一人前の先生であり，親であるといってもそれほど言い過ぎではない。

　本書は，子どもに関わる全ての大人に向けて書かれた本である。したがって，学校・家庭の両場面について述べられているが，どの内容も，教室でも家庭でも活かすことが出来るだろう。

　ほめること，そしてほめるためにしかけていくことなど，読んでいくうちに「そうそう！」と納得したり「やってみよう！」と元気がもらえたりする本。私自身，今も４月には読み返すようにしている。また，新しいクラスの保護者会では紹介させていただいている。

　惜しむらくは，私自身の子育てがほぼ終了した後に，この本と出会ったこと。孫のために，娘に送ることとしましょうか。

（北海道士幌町立士幌小学校　湯藤　浩二）

子どもに読ませたい
算数・数学の本

『算数を忘れた国の冒険』

正木孝昌・監

学校図書

　「算数を忘れた国」は，現在の算数・数学を先人達が築き上げる前と同じような国である。物語は「算数を忘れた国」に迷い込んだ登場人物が算数・数学の必要性や有用性を感じ，数理を築き上げながら進んでいく。そして，その国の人と達成感や成就感を味わっていく。問題を解決していく中で「多面的な見方・考え方の構築と表現」「自他の考えの比較・検討」などを行い「筋道立てて物事を考えることの大切さ」を実感していく。

　監修者の正木先生は，本書の「はじめに」で次のように述べられている。（算数で大切なのは『問題に積極的に働きかけていく力』です。働きかけるというのは，未知の問題と出会ったとき，「わからない」といって諦めたり誰かに教えてもらえるのを待っていたりするのではなく，まずは何でも自分でできることをやってみる，試してみるということです。この『問題に積極的に働きかける力』とは，算数の力を向上させる原動力であり，算数の力そのものと言っても過言ではありません）

　正木先生は数多くの著書（『受動から能動へ』など）で「授業には鯛（子どもの『〜たい』という心）が泳いでいなければならない」と述べられている。本書に登場する「ゴリラ博士」も「自分の頭で考えることの楽しさ」を伝えている。

　子どもの算数の力の向上の実感を引き出すための本であるが，教師が算数について考え，問い直すためにも適した本であると考える。

（長崎県諫早市立北諫早小学校　林田健一）

見て，見て！ My 板書

板書を基に，自ら偶数，奇数の性質について考える授業を創る

北海道札幌市立資生館小学校
中村光晴

1 板書をしながら，授業を想定する

2018年，全国算数授業研究大会で，授業をする機会をいただいた。単元は，5年「整数の見方」である。

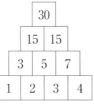

4段の計算ピラミッドにおいて，下から2段目が最下段にある2数の和，下から3段目が下段にある2数の積，下から4段目が下段にある2数の和というように，下の段から順に計算をしていく。そうすると，頂上の数は奇数にならない。「頂上を奇数にしたいのにできない！」という問題と出合うようにし，偶数，奇数の性質について自ら考える子どもの姿を引き出そうと考えた。

飛び込み授業に向けて，子どもの思考を想定し，板書をしながら，授業づくりをする。

「日本では，昔から偶数より奇数の方が，縁起がよい」と考えられていたことを話題に出し，「計算ピラミッドの頂上を奇数にしたい！」という思いをもてるようにしよう。

3段の計算ピラミッド（和→積）をつくる活動を組み，計算ピラミッドをつくるルールを浸透させよう。板書では，3段と4段の計算ピラミッドを比較できるようにしよう。

4段の計算ピラミッドをつくる活動（和→積→和）を組むと，「頂上が必ず偶数になる。どうしてだろう？」「どうやったら，頂上を奇数にできる？」という思考が生まれる。子どもは「偶数＋奇数＝奇数」「偶数＋偶数＝偶数」の説明をしていくが，ドット図があったほうがいい。導入の話題提供で，さりげなくドット図を黒板に貼ろう…。ドット図を使った子どもの説明は，板書中央に位置付けよう。

授業の具体と板書構成とが見えてきた…。

2 板書を軸に，問いのある授業を創る

実際の授業では，「頂上がいつも偶数になる。どうして？」「何か仕掛けがある」などの声が上がった。自ら計算ピラミッドの仕組みに目を向け，黒板の前に出て偶数，奇数の性質について説明する子どもの姿が見られた。

授業後には，「偶数，奇数がこんなに深いとは思わなかった」「5段だったら，どうなるのだろう？」という感想も出たのである。

私の大切にする対話活動

大分県別府市立亀川小学校　**重松優子**

1 子どもたちの対話から

右のような階段の体積問題を考える時，面積と同様に直方体を見出して解決に向かおうとしていた。その時のある子どもたちの話し合いである。

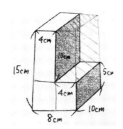

A：Bくんは，たてに切って直方体を出したのはなんで？

B：え？　……だって，切りやすそうだったから。

A：知りたい！　なんで切りやすそうだと思ったの？

B：たしかに。なんでぼくそう思ったんだろう？　たてが長かったからかも。

C：おれも！　だからたてに切った！　横も切れるなって思ったけど。だから，なんでひきざんにしたか知りたい。この図形なら2つにわけた方がよくない？

A：この図形ならって，どういうこと？

C：直方体が見えるやん？　ここと，ここ。

A：たしかに！　4年で面積習ったじゃん？　ひきざんかっこよかったから思い出して……。

2 対話のポイント

この3人の対話はお互いの考えを述べて終わり，ではない。お互いになぜその考えに至ったかを細部まで聞き合っていた。なぜ，その考えに至ったのか，そしてどうしてその考えを選んだのか，である。Aの子は，既習を活かしてひきざんの方法が頭に残っていたからひきざんの方法で解き，Bの子は，縦が長いところから縦に着目して切ると自分にとってベストだと考えられたというところまで自分で認知できた。Cの子はひきざんを知っているものの，"この図形では"直方体に分けた方が解きやすいと言っているのだ。

この授業の終盤，Bが「先生！　振り返りを書いていい？」と言い始めた。「今まで，自分の考え方が最強と思ってたけど，みんなの話を聞いてAさんの意見は問題によっては最強になるなって思った。こんな問題の時は僕の考えがよくて，こんな問題の時はAさんのがよさそう，そんな言葉を残しておいてもいい？」と。

その発言から，他の子が「問題によってってどういうこと？」とさらに追及した。「もちろん，どれを使ってもいいんだけどね，図形によってその考えの方がいいなって思える問題作れるなって思ったの」その時，子どもたちの対話からどんどん学びが広がっていくのを感じた。

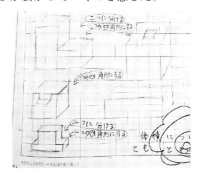

3 私が大切にしたい対話

子どもが考えた事をお互いに理解し合うこと，自分の考えがどこから出てきたものであるかを探ることは学びを広げ，深めるような対話活動だと思う。子どもが自主的に聞きたいことを探り合う対話を入れるよう今の学級で取り組んでおり，自由に対話できる算数の"フリータイム"をとても楽しみにしている。友だちとどこから考えが違うのかを探ったり，式が変わったりすることを疑問として，個々の中に課題を持って授業に臨んでいるようだ。形だけではなく，お互いに理解し合える対話活動を大切にして取り組んでいる。

※本稿は，全国算数授業研究会 月報第281号（令和3年12月発行）に掲載された事例です。
※転載元の月報電子版では、会のメンバーによる実践への「こえ」も掲載されています。

Monthly report

どちらの比べ方がよいか

連載◇第6回

田中英海

1 変わらない比べ方が適する

　4年「簡単な場合について割合」では，A，Bという二つの数量の関係と，C，Dという二つの数量の関係同士を比べる時に，割合（倍）で比べられる場合があることを知ることをねらいに置くのが一般的である。もう一つ踏み込んで，差と割合のどちらの比べ方がよいかを考えさせる指導もある。教科書でも扱われるゴム紐は均質性がイメージしやすい。そのため元の長さと伸びた長さに比例関係があり，関係が変わらないため，倍の比べ方が適しているといえる。

　どちらの方がよく伸びるゴムといえるでしょうか？　とゴムAとゴムBを見せて，切り取った一部分として元の長さと伸びきった長さを紙テープで表し，数値を下のように示した。

> Ⓐ：20 cm →60 cm，Ⓑ：40 cm →80 cm

差で比べると同じ伸び方といえるが

　　Ⓐ：60－20＝40（cm），Ⓑ：80－40＝40（cm）
倍で比べるとⒶがよく伸びている

　　Ⓐ：60÷20＝3（倍），Ⓑ：80÷40＝2（倍）
　差の見方と倍の見方，これだけではどちらがよい比べ方なのかは判断しがたい。Ⓐが1 cmになったとすると40 cm伸びて41 cmになることははあり得ないと極端な例を出し

差の意見を否定する反応がある。また，ⒶとⒷの元が同じ長さだったら比べやすいとⒶを2倍して40 cmにすると伸びきっ

た長さも2倍の120 cmになるという意見が出る。ここで，Ⓐを2倍の長さにすると伸びる長さも本当に2倍になるのかな？　と比例関係になるのかを問うことでゴム紐の伸び方の質に着目させた。ある子どもは「同じ製品のゴムだから，どんな長さでも3倍伸びることは変わらないはず」と発言した。導入で一部を切り取るイメージを伝えたこと効いている。また，Ⓑを半分に切ると，伸びる長さも半分になるという意見も出て，多くの子は納得の反応をした。終末では実際にゴムを渡し，半分に切って，伸び方が変わるのかを体験させた。始めは差での比べ方を推していた子も，何倍伸びるかという伸び方が変わらない比べ方がよいことをつかんだ。

2 差の比べ方が適する問題

　ゴムの伸び方を行った後，「AさんとBさんはどちらが＿＿＿といえるでしょうか？」とし，

> Ⓐうちの子の兄が6才で弟は2才だよ
> Ⓑうちの子は兄が8才で弟は4才だよ

と書くと、「どちらの年が離れているといえるでしょうか？」と子どもが問題を作った。差（引き算）と倍（わり算）の比べ方があったことを想起して自力解決に入った。

多くの子は、Ⓐ：6−2＝4、Ⓑ：8−4＝4と年の差は同じであると意見をもっていた。また、ゴム紐では倍の比べ方がよかったからと、

Ⓐ：6÷2＝3（倍）弟の3倍が兄

Ⓑ：8÷4＝2（倍）弟の2倍が兄

と計算と倍の意味が発表された。これには多くの子が違和感を口にした。「Ⓐは2年後に年の差が2倍に変わる」「1年前は5歳と1歳で5倍になる」と倍の比べ方は年数によって変わっていくことを述べた。一方、差の比べ方は「同じ日に比べたら、何年たっても変わらない」という意見を述べた。年数が変わっても、変わらない比べ方は差であることを子どもが見いだした。ゴムの場合は元の長さが変わる時、伸びた長さとの差は変わってしまうが伸び方は変わらない。年齢差とゴム紐の両方の教材を扱うことで、どちらの比べ方が適するのかを考える意味がはっきりする。

3 どちらの比べ方も意味が分かる問題

さらに、次の問題を提示した。

> Ⓐぼくは60歳で、20歳から花粉症です
>
> Ⓑわたしは80歳で、40歳から花粉症です

「どちらの方が辛いでしょうか？」と年数で花粉症の辛さを比べることを共有した。すると、子どもの意見が割れた。

C1：何年花粉症か差で比べるとⒶⒷ同じ辛さ

Ⓐ60−20＝40年　Ⓑ80−40＝40年

C2：花粉症ではない時期を比べるとⒶが辛い

Ⓐ60年の$\frac{1}{3}$の20年　Ⓑ80年の$\frac{1}{2}$の40年

（Ⓐは人生の$\frac{1}{3}$平気、Ⓑ人生の$\frac{1}{2}$は平気）

C3：仮に100歳で亡くなるとするとⒶが辛い

Ⓐ100−20＝80（年）　Ⓑ100−40＝60（年）

C4：60歳の時で比べると　Ⓐが辛い

Ⓐ60−20＝40（年）　Ⓑ60−40＝20（年）

これらの意見を聞いて基準が違うと「C1は今、C2は過去、C3は未来を見ている」と発言があった。さらに、C2の考えを図で表した。60年の$\frac{1}{3}$は平気で$\frac{2}{3}$花粉症。Ⓑは80年の$\frac{1}{2}$が花粉症ということを表した。花粉症の年数は同じでも今の年齢を1とした時にどれだけ花粉症かを分数を割合の見方で解釈している。

さらに「Ⓐが20年生きて80歳になると、花粉症歴60年でもっと辛い」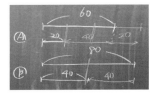

という付け足しがあった。一方の量をそろえると比べられるという見方を子どもたちは自然に使っている。花粉症の題材は、どの比べ方が適しているとは言い切れないが、子どもたちの反応は、Ⓐの方が辛いという意見がやや多くはあった。

より適した比べ方を考えることをねらって3つの題材を扱った。5年「単位量当たりの大きさ」や「割合」では、一方をそろえて比べたり、比例を仮定したりして考えていく。その素地として、差の比べ方と割合（倍）の比べ方、どちらがよいか自分で決めるという過程が大切である。題材や前提となることを意識させ、変わらない比べ方を考えさせていきたい。

TANAKA Hidemi

AOYAMA Shoji

MORIMOTO Takashi

OHNO Kei

NAKATA Toshiyuki

SEIYAMA Takao

NATSUSAKA Satoshi

互恵的に学ぶ集団を育てる授業づくり

異なる見方・考え方に触れる価値

青山尚司

〈前回のあらすじ〉

4年生の子たちと，階段の段数に伴って周りの長さがどのように変化していくのかを考えた。10段の場合について，「10×4」と「4×10」という2つの式が出され，それらの差異を話し合うと，「10×4」は右のように，階段の形の辺の部分を移動して正方形にし，1辺の長さの4倍と考えた式であり，「4×10」は下のように，段数と周りの長さを表に整理して4cmずつ増えていくという変化のきまりから見出した式であるという説明が引き出された。

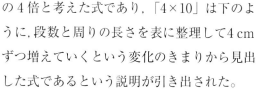

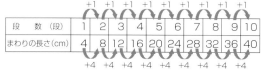

1 表にしなくてもできる

授業の後半，Sy君が「表にしなくてもRyの式（4×10）はできて，最初の正方形は4cmでしょ？　10段ってことはこれが10倍じゃん」と発言した。「それって10×4じゃないの？」という意見に対して，「いや，4つの辺が全部10倍だから4×10でもできる」というのである。多くの子は，この見方を解釈することが難しい様子であった。そこで，「これ（1段目）とこれ（10段目）で，だれが見ても10倍になっている部分ってあるか

な？」と問いかけた。

すると，「階段の下と右が10倍になっている」という発言があった。そして，「階段の部分の縦も段数と同じ数になるから10段だったら10倍になる」，「それって横も同じじゃん」とつながり，「1×10×4」という式にまとめられた。Sy君は「その×4をあとでくっつけるんじゃなくて，最初の4cmが全部10倍になるって考えればいい」と説明をした。

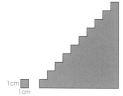

2 全部やらなくてもできる

ここでAo君が「だったら」と前に出て，「さっきKyが，5段からはまだやってないって言ってた（前号参照）けど，やらなくてもいいことが分かった」と話し始めた。そして，階段の形の右側の辺を1つ外側にずらすと，空いた隙間には1cmの辺が上に3本，下に1本必要となり，それが1段の正方形1個分になることを説明した。「こうやって増やせばいつも同じで4本増えていくから，いちいち全部やらなくてもいい」と説明した。

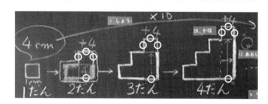

③ 見える，見える！

　するとさらに Mo さんが，「表をよく見たら4×10でも，10×4もできる」と言い出した。「そんなわけないだろ？　4×10だろ？」と横の矢印を示しながら揺さぶってみたが，「見える，見える！」と指を上下に動かしている子がいる。ペアで確認した後，全員でジェスチャーを促すと，ほとんどの子が指を上から下に動かす動作を繰り返している。自信なさげに指を動かしている Y さんを指名すると，「最初の1の下が4だから×4」と発言した。そして，10段まですべて「×4」の矢印が成り立っていることを確認した。

④ 小さい正方形にすると

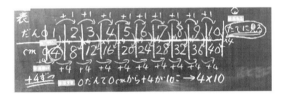

　ここでチャイムが鳴り，Ta 君が手を挙げたのだが，「ごめんね」と授業を終了した。授業後，そばに寄ってきた Ta 君は，最後にみんなで確認をした「×4」という表の中の縦の矢印を指さし，「これが大きい正方形にしたやつじゃん，でも，小さい正方形10個にすると4×10だよ」と話してくれた。「どういうことか描いてみて」と黒板の端に描いてもらうと，階段の形の右と下の直線部分を階段側に寄せて，1辺が

1cm の正方形が斜めに並ぶことを説明した。確かにこうすると，「4×10」という式で周りの長さを求めることになる。この時，（あぁ，

もう少しだけ言わせてあげる余裕が自分になかったな……）と反省をした。

　放課後，黒板の写真を見直しながら，みんなそれぞれが互いの考えをつなげようとしていたことを嬉しく思った。そして，表を真ん中に描き，右側に「10×4」の見方，左側に「4×10」の見方を整理してまとめた方が良かったなぁと2つ目の反省をした。

⑤ 異なる見方・考え方に触れる価値

　はじめは，「4×10」とした子は表の変化に着目し，「10×4」とした子は階段の形を都合よく正方形に変形させていた。しかし，子どもたちはそこで止まらず，授業の後半も，同じ問題を解決している仲間が何に目を付けて，どのように考えたのかが多様であることを楽しみながら，試行錯誤し続けていた。

　そして，「4×10」の意味を形の変化からより具体的に説明したり，「10×4」がいつでも成り立っていることを表の対応関係から説明したりと，さらなる説得力を求めて，表と図を関連付けていったのである。

　この時間の終わりに集めたノートには，自分では思いつかなかった友達の考えに

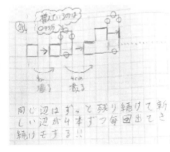

ついての記述が多く見られた。

　このように，異なる見方・考え方に触れ，その有用性を味わう協働的な学びの経験を繰り返すことによって，子どもたちのセンサーはより敏感になっていくのである。

TANAKA Hidemi

AOYAMA Shoji

MORIMOTO Takashi

OHNO Kei

NAKATA Toshiyuki

SEIYAMA Takao

NATSUSAKA Satoshi

授業は子どもの実態と教師の判断の連続で創られている

森本隆史

❶ 例えば……

　ある子どもが発言をした場面について考えてみる。まわりの子どもたちは一生懸命聴いていたのだが，発言した子どもの言った内容を理解することができずに，「よくわからない」という顔をする場面は，算数の授業をしているとよくある。すごく長く話してくれたのだが，まわりはポカーンとしているような場面を，だれもが経験しているのではないだろうか。

　わたしたちは，話を聴いていた子どもたちの表情を見て，「今の話は伝わっていないな」と感じ取る。

> この瞬間，次に何をするのか？

　読者の方々は，この後，どのようにするだろうか。選択肢はいくつもある。仮に2つの選択肢を下に示してみる。

> A：「今，○くんが言ったのは，
> 　　〜ということだよ。わかった？」
> B：「今のお話難しかったんじゃない？」

　Aを選択した場合，どのようになるのか考えてみる。Aは，教師が発表した子どもの考えを説明するという判断である。この場合，教師が説明をするので，発表した子どもよりも上手に説明できる。きっと理解できなかった子どもも理解することができるようになるだろう。そして，教師は子どもたちの様子を見て安心する。しかし，この場合，子どもたちの表現力も，聴く態度も育っていかない。長い目でみると，わたしはマイナスだと感じる。つまり，Aの判断はあまりよいものではないと考えているのである。

　Bの場合について考えてみる。「今のお話，難しかったんじゃない？」と尋ねれば，きっと「うん。少し難しかった」とか，「よくわからなかった」と，子どもたちが言ってくれるはずである。そして，この言葉をきっかけにして，発表した子どもは，自分が言ったことはわかってもらえていないと把握する。わたしだったらこの後，

「もう一回説明してみる？　少し言い方を変えると伝わると思うよ」

「途中でみんなに『ここまではいい？』って確認するといいかも」

などと言い，発表した子どもにもう一度表現させる。このようにすると，発表者の表現力，子どもたちの聴く態度が，Aを選択した場合よりは，共に育っていく。

　教師の判断によって，その後の展開が変わっていくのである。

❷ 教師の判断力

わたしたち教師は，授業の様々な場面で，学び手である子どもたちの発言内容，表情，つぶやき，しぐさ，体の動きを見取り，さらには，心の機微などを感じ取っている。そして，それぞれの子どものよさを生かすことを，頭の中で思い描き，瞬時に判断している。

この判断によって，その後の授業展開は大きく変わっていく。そのようなことを考えると，子どもの実態と教師の細かな判断の連続によって，授業は創られている。

当たり前のことだが，瞬時の対応の仕方は，個々の教師によって異なる。どのように対応するのかは，それぞれの一瞬の判断にゆだねられているからだ。採用１年目の教師と20年目のベテランの教師では，見えている世界が異なっているので，判断する基準がちがう。

また，数学的な見方・考え方を子どもたちから引き出そうとしている教師の判断と，いつも教科書の内容をそのまま教えて込んでいる教師の判断も異なる。

教師が判断するためには，目の前にいる子どもたちをしっかりと見つめて，ひとつの授業の中で子どもたちに与えられることは何なのか，わたしたちが考える必要がある。そして，思い浮かぶ選択肢の中から最善だと思う言葉を決める判断をしていく。しかも，その判断は一瞬で行っていく。多くの教師は，子どもたちのために，よりよい授業をしていきたいと願っている。そのために，教師は判断力をつけていくのである。この判断力が授業を変える源になる。

わたしは，今年度から２年生のクラスの算数を担当することになった。とてもかわいい子どもたちである。４月から10回目の授業のときに，「時こくと時間」の学習をした。そのときのことである。

時刻と時間のちがいについて，教師がそのちがいを教えて，１時間は60分だということを学んだ後，次のような問題を出した。

> 茗荷谷駅に８時50分に集合しました。
> その後，電車に乗り，池袋駅に９時９分に着きました。
> 集合してから池袋駅に着くまでにかかった時間は？

２年生にとっては，かなり難しい問題だが，翌日に迫った遠足と同じ内容にしてみた。何人もの子どもが手を挙げた。ある男の子を指名すると，「１時間19分」と答えた。答えは19分なので，この子どもが言ったことはまちがっている。他の子どもたちが「ちがいます」と言って，元気よく手を挙げた。

わたしはこの場面で困り，かなり考えた。わたしと授業をするのは，まだ10回目。もちろん，わたしの授業観は子どもたちには伝わっていない。

読者の方々は，この場面，どのような目的のために，どんな言葉を選択するだろうか。この後わたしがしたことは次回紹介します。

新連載として「算数授業を左右する教師の判断力」をスタートします。どうぞよろしくお願いいたします。

TANAKA Hidemi　AOYAMA Shoji　MORIMOTO Takashi　OHNO Kei　NAKATA Toshiyuki　SEIYAMA Takao　NATSUSAKA Satoshi

ビルドアップ型問題解決学習

感覚とイメージを大切にした算数授業（2）

大野　桂

◆前回のあらすじ

本題材は，「どんな
四角形でも，４辺の中
点を直線で結んででき
た四角形は，必ず平行四辺形になる」に気づ
き，その理由を探求していく学習である。

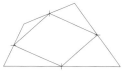

その主旨については，前回の連載で述べさ
せていただいた。今回は，授業の実際を述べ
ていくこととする。

◆題材「四角形の中にできる四角形は？」 の授業の実際

1. 課題提示

子どもに与えた課題は以下のとおりである。

> 四角形の各辺の中点を結んで，その四角形
> の中に四角形を作ります。
> 「もとの四角形がこれなら，中にできる四
> 角形はこうなると想像できる」ものを１つノ
> ートに描いてみよう

ノートに描かせてみると，圧倒的に，次の
２つの四角形が多かった。それは，「正方形」
と「ひし形」であった。この反応を受け，ま
ずはもとの四角形となる，正方形・ひし形を
黒板に描かせることにした。

2. 教具について

それを黒板に描かせるために用いた教具は，
中にできる四角形が変化していくイメージを
持たせるために作った以下に示すものである。

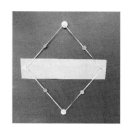

外側の４点が，もとの四角形の頂点で，ゴ
ムひもはもとの四角形の辺を描いている。そ
してゴムひもの中点に固定されている点が，
中に作られる四角形の頂点である。

もとになる四角形の頂点であるが，左右の
２頂点は固定してある。上下の２頂点は動く
ようにした。そして，その２頂点を動かして
いったときに，ゴムひもの中点，すなわち，
中にできる四角形の頂点が動いていく様子に
着目させ，辺の平行が保たれる様子や，辺の
長さがいつでも対角線の長さの半分で一定と
なることのイメージを持たせることとした。

3. 対角線の特徴から，もとの四角形となる 正方形の頂点を決定

まず，もとの四角形が正方形になるように，
上下の頂点を移動させる活動である。「どう
したら正方形の頂点が決定できるか」を問う
と，A児が適当に移動し，見た目で正方形
にしようと移動させた。それを見ていたB
児は，それでは正確でないと，手を十字に動
かすジェスチャーをした。そして，以下のよ
うに左右の頂点を結んだ。

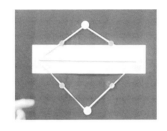

　対角線である。ここで，いったん全員に「この後，どのように正方形の頂点をきめようとしているのか」を問い，相談をさせた。すると，以下のように中点で直角に交わるもう1本の対角線を記入し，「正方形の対角線はそれぞれの中点で直角に交わり，かつ，長さが等しい」という特徴をもとに，正方形の頂点を決めた。

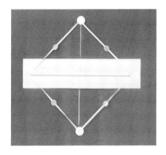

　私は，この左右の頂点を結ぶ「対角線」をなんとしても子どもから引き出したかった。なぜなら，この対角線が，中点連結定理を説明する，以下に示す「2倍の拡大図」の三角形の底辺になるからである。

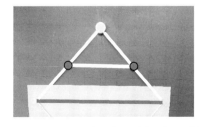

　だから私は，この場面の正方形の頂点を決定する子どもの活動を丁寧すぎるぐらいに扱ったのである。

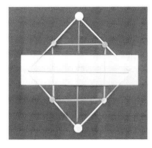

　ここで，「じゃあ，正方形の中にできる四角形は何に見える？」と問うと，「正方形」とういう反応が返ってきた。

　ここでは，中にできる四角形が正方形となる理由は説明させず，次の活動に展開した。

4. もとの四角形が「ひし形」になるよう，正方形から上下の頂点を移動し，中にできる四角形が変化するようすをイメージする

　「ひし形にするには上下の頂点をどのように移動したらいい？」と問うと，「どちらも同じ長さだけ縮めればいい」という反応が返ってきた。さらに，「なるほど，じゃあ，縮めたらひし形になるとして，中にできる四角形は何になりそうかイメージできる？」と問うと，「長方形になる」という反応が返ってきた。

　子どもたち，頂点の動きと，それにともない，中にできる四角形が変化している様子をイメージし始めたのである。

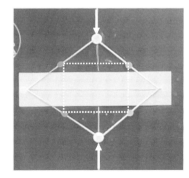

　このあと，子どもたちは変化していくイメージを膨らませながら，授業は本時のねらいへと急速に展開していく。続きは，次号で…。

TANAKA Hidemi

AOYAMA Shoji

MORIMOTO Takashi

OHNO Kei

NAKATA Toshiyuki

SEIYAMA Takao

NATSUSAKA Satoshi

筆算に頼らない考える子どもを育てる

― 5 年「3 位数 ÷ 1 位数」―

中田　寿幸

1 筆算をする前に考える子にしたい

計算問題を解くのに，何も考えずに筆算をする子にしたくないと思う。筆算をする前に数を見て，「暗算でできないかな」「簡単にできる方法はないかな」「何か工夫はできないかな」と考える子どもにしたいと思う。

例えば繰り上がり，繰り下がりのない計算でも筆算を書いて計算しようとする子どもがいる。これは教師の問題の提示がよくないこともある。同じパターンの問題ばかりを並べていると子どもは考えて計算に取り組まなくなる。時には繰り上がりのあるものとないものを混在させて，繰り上がりがあるか判断してから筆算をするかしないか決めるようにさせるとよい。

例えば98＋67をどう考えるか。98＋2＋65と67から2を98に移して100を作るといいと考えられる子どもにしたい。

この計算を筆算ですると，一の位も十の位も繰り上がりがあり，手間がかかる。工夫して計算した方が筆算よりも早く正確にできることを実感させられると思う。

「筆算は考えなくていい計算です。この計算は暗算でしたら難しいな，間違えそうだなと思ったら筆算するといい。でも筆算する前に，何か工夫できることはないかな？

簡単にできることはないかな？　と考えてみる方が考える力がついていくよ」と常々子どもたちに話している。

例えば12÷2.5は暗算ではちょっとできそうにない。しかし，「2.5という数は4倍したら10になる。これは使えないかなあ。12も4倍して，48÷10にすれば簡単になる」と考える子どもにしたいと思う。

2 切りのいい数にこだわり続けた A 男

5 年 3 位数÷ 1 位数の計算で，割られる数を固定して396にして考えていった。

396÷3

位をそれぞれ 3 で割ればすぐに答えが出てくる。その後，396÷2，396÷4と進む予定であった。

ところが「筆算なんか使わなくても簡単に計算できます！」勢いよく訴える A 男がいた。「切りのいい数になります」と言い，次の式を示した。

396＋4＝400（切りのいい数にする）

400÷3は200÷3が 2 つ分。

以前同じ計算 2 つに分けて，計算を少なくする方法がよかったことを思い出したという。

400÷2＝200

200÷3＝66あまり2

「66あまり2」が2つ分で132あまり4になる。あまりの4は最初に足した4で帳消しになって，答えは132となる。

400÷3が2つの200÷3になるとことは評価されたが，200÷3が難しいと総合的にはあまり高い評価とは言えなかった。

翌日の授業は396÷2を考えた。

この日も筆算を使わない様々な方法が共有されていった。

そんな中でやはり398を400とみて計算したいとA男が言う。

$400÷2=200$

$200-(4÷2)=198$

4÷2がよくわからないと質問がでた。

割られる数400を半分にした200は最初に増やした4の半分だけ答えよりも大きいから引いたという。

この説明に，「今日の400は昨日の400よりもわかりやすい」「400にしてよかったなと思った」と友だちから高い評価をもらっていた。

3日目は396÷4である。授業の後半で，この日もA男は396を400にした。

$400÷4=100$

$4÷4=1$

$100-1=99$

ここで「4÷4=1がよくわからない」と質問が出た。

割られる数の4は400にするために増やした4。割る数の4は4つに分けた4。増やした4を4つに分けて，400を4つに分けた100から引いたという。「4円返す1人分の1円」という表現をする子もいた。

398というがあと2あれば400になることに気づき，きっと切りのいいこの数なら計算が楽になるのではないかと考えてみたA男のこの姿勢をほめたいと思う。

さらに÷2，÷4と3回続けて，同じ計算方法を続け，その結果，とても簡単に計算できるようになっていたことをみんなと共有できたのがよかったと思う。

このようなこだわりを持ちながら，「簡単になりそうだ」「きっと簡単になる」と計算に踏み切っていったその判断をほめたい。

3位数÷1位数はこれで終わったので，÷5，÷6を考えることはなかった。÷5は苦労し，÷6でまた挽回できたかなと思うともう少し考えさせてもよかったかなと思う。

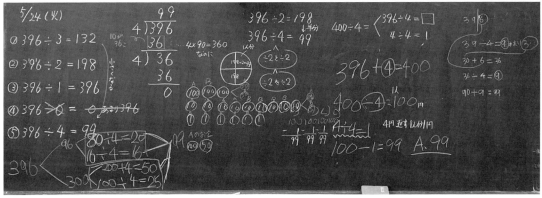

3日目の板書

TANAKA Hidemi

AOYAMA Shoji

MORIMOTO Takashi

OHNO Kei

NAKATA Toshiyuki

SEIYAMA Takao

NATSUSAKA Satoshi

3等分するために「72」の見方を引き出す工夫
― 4年生　わり算の筆算の導入 ―

盛山隆雄

１　72÷3をどう考えさせるか

72÷3は，わり算の筆算の授業でよく扱われる数値である。72を60と12に分けて，60÷3＝20，12÷3＝4，20＋4＝24と答えを導いていく。

このような72の数の見方を，どのようにすれば子どもたちから引きだすことができるだろうか。そう考えて，今回の授業に臨んだ。ご紹介する実践は，4月24日（日）に行った『算数授業研究』公開講座 オンライン授業公開で公開した授業である。

72の数の見方を引き出すために考えていたことを先に述べる。

（1）扱う式の系統

次のように扱う計算式の系統を考えてみた。

| ①60÷3 | ②69÷3 | ③7□÷3 |

↓

| ①60÷3 | ②7□÷3 | （提案） |

直前に69÷3のように十の位と一の位が3でわり切れるような場合を扱うと，子どもの意識は，位ごとに見る見方に固定されてしまう。その結果，72÷3の72という数を柔軟に見ることを難しくさせているのではないか。そこで，あえて69÷3を飛ばして，7□÷3という問題を扱った。

（2）十の位に着目させ，ゆさぶり発問

7□÷3の場合，まず十の位の7に目が行く。7÷3＝2あまり1とわり切れないので，「□にどんな数をあてはめても，7□÷3は，わり切れないね」と教師から発問する。このゆさぶり発問によって，はじめて子どもは一の位の□に着目することになる。

□にすることで一の位を自分でつくり，子どもから被除数に働きかけることを期待する。

十の位は7÷3＝2あまり1となり，10あまることになる。しかし，一の位の□の数を2にすれば12÷3＝4，5にすれば15÷3＝5，8にすれば18÷3＝6とわり切ることができる。このように十の位のあまり1と□で，3で割り切れる数ができないかと考えるのではないだろうか。

（3）お金を3等分する問題場面を扱い，説明しやすくする

60÷3の計算をするときには，10を1と見て6÷3＝2，2は10が2つ分の意味だから答えは20となる。このような計算の仕方を説明するには，10円玉がわかりやすいと考える。お金を題材として扱うために，次のような問題場面にした。

「3人兄弟は，お買い物のお手伝いをよくします。おつりが100円より少ない時は，お

こづかいとしてもらえます。お金は3等分します。1人分のお金はいくらですか」

2 実際の授業

下の板書の写真のように問題を提示した。もらったおこづかいの記録として表も出し，月曜日は30円，火曜日は60円のおこづかいを3人がもらえたことを表している。

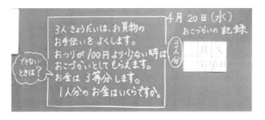

最初に，30÷3と60÷3に取り組み，10を1とみて計算する方法について，図を用いた説明活動を行った。

上の板書の写真を見ると分かるように，アレイ図，線分図，お金の10円玉を用いた図と3種類の図が発表された。アレイ図を用いた説明では，問題場面とは切り離し，30÷3の計算の仕方として3個ずつ○を囲んで答えが10になると話した子どもがいた。しかし，他の子どもから問題の意味とは異なることを指摘され，10個ずつ○を囲む説明に修正された。さらに，ある子どもがもっと簡単に説明できると言って，10円玉の図を用いて説明した。

「30円は，10円玉が3個。3÷3＝1で一人分は10円玉1個だから，答えは10円」

このような説明である。この説明は，60÷3の計算の仕方でも使われた（下の板書参照）。

次に，おこづかいの記録表を伸ばしてみると，木曜日の記録が出てきた。「7□円」である。「えー？」と驚く子どもたち。ある子どもから「3等分できないよ」といったつぶやきも聞こえたので板書した。そして，改めて「7□÷3は十の位が7だから3等分できないね」と話したのである。

教室は，騒然としだした。むきになって「割り切れるよ！」と言う子どももいた。そこで，しばらく隣の人と話し合う時間をとった。

このあと，ある子どもが
「72と76だったら割り切れるかな？」
と発言し，まずは72からみんなで考えてみることになった。果たして，子どもたちはこの「72」をどう見たのか。この続きは次号にご報告する。

TANAKA Hidemi　AOYAMA Shoji　MORIMOTO Takashi　OHNO Kei　NAKATA Toshiyuki　SEIYAMA Takao　NATSUSAKA Satoshi

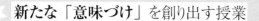

新たな「意味づけ」を創り出す授業

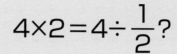

$$4 \times 2 = 4 \div \frac{1}{2}?$$

夏坂哲志

分数のわり算について考える

　教科書では，本単元の最初に等分除の場面が扱われる。そして，面積図や数直線を用いて考えるような展開になっている。ところが，その面積図が非常にわかりにくい。

　例えば，「$\frac{2}{5}$ m²の塀を塗るのにペンキを$\frac{1}{4}$ dL 使う。1 dL では何 m²塗ることができるか」（問題 A）という場面を図に表すとき，まずは，$\frac{2}{5}$ m²の長方形がかけなければならない。そして，求める値は，それを 4 倍した長方形の面積であることを捉える必要がある。さらに，その長方形が，1 m²を 5 等分したうちの 8 個分だからその面積は$\frac{8}{5}$ m²であることを説明したり理解したりしなければならないのだが，子どもにとっては（大人にとっても）難しいことである。

　だから，分数のわり算について考える場面で，私はこれまでほとんどあのような図を使うことがなかった。具体的な場面をこちらから提示するよりも，式の数値を見て，説明のしやすい場面を子どもが自由に選べるようにしたり，計算のきまりを用いてわかりやすい式の形に変形させたりしながら，答えの求め方について考えることを重視してきた。

　例えば，「①$\frac{4}{5} \div \frac{2}{5}$」と「②$\frac{4}{5} \div 2$」の2つの式を比較してみると，①の方は，包含除の場面の方が答えの求め方を説明しやすい。一方，②は等分除の場面の方が説明がしやすい（と私は捉えている）。

　また，①を4÷2と見て考える場合には，「$\frac{1}{5}$を単位として考える」という見方も使えるし，「わられる数とわる数の両方に同じ数をかけても答えは変わらない」というわり算のきまりを使って考えるやり方もある。

　このように，6 年間で培ってきた「分数」という数の見方や，「わり算」という計算の意味やきまりを駆使して，「これならわかる」という計算の仕方を見出していくことがこの単元の大切なポイントだと考えている。だから，図を用いるとすれば，それが計算について考えることにつながるようにしたい。

2 整数÷分数の場面

　今年の 4 月に行った公開講座でご覧いただいた授業では，「4 m²に水をまくのに$\frac{1}{2}$ L 使った。1 L では何 m²水をまくことができるか」（問題 B）という問題を扱った。$4 \div \frac{1}{2}$と立式できる等分除の問題場面である。

　この場面を具体的にイメージすると，わり算よりも4×2というかけ算の式の方が先に思い浮かぶ。1 L は$\frac{1}{2}$ L の 2 倍であることがすぐにわかるので，水をまくことのできる面積

は「4 m²の形の 2 つ分」ということになる。

図もわかりやすい。だから，まずはこの場面を図に表せるかどうかを確かめてみたい。もし，それができなければ，問題 A の場面を図に表すことは無理だと言えるだろう。だから，はじめは問題 B のような場面で，図や式を考えたり説明したりしてみるとよい。

また，問題 B は整数÷分数で答えを求める場面であるが，分数でわることの意味を考えたり，$÷\frac{1}{2}$ と $×2$ が同じ答えになることに気付いたりするには扱いやすい場面と数値だと考える。

だから，分数÷分数の計算について考える前に，整数÷分数の場面を扱うとよいのではないかと思うのだが，教科書を見るとそうはなっていない。時間的な制限もあるのかもしれないが，再考の余地はあるのではないだろうか。

3 $4÷\frac{1}{2}$ で答えが求められるのか

授業では，はじめに「□ L の水で4 m²まくことができました。1 L の水では何 m²まくことができるでしょうか」という問題文の□の中に1，2，3，4 を入れた場合について考えた。例えば，□＝3 の場合には，4÷3

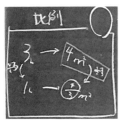

と立式する。その式になる理由については，比例を使って左の写真にあるような説明もできる。

ところが，□＝$\frac{1}{2}$ の場合には，「$\frac{1}{2}$ L を 1 L にするには×2 をするから，4 m²も 2 倍

する」という説明はするのだが，「$÷\frac{1}{2}$ をする」という発想はなかなか出てこなかった（下の写真は，最終的な板書の一部。「$÷\frac{1}{2}$」「同じ数でわる」という書き込みは，授業の最後に出てきた考えである）。

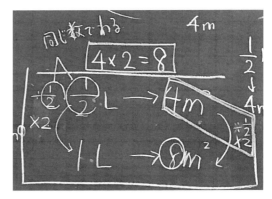

そこで，私は，問題文の□の中に1，2，3，4 を入れた場合と比べさせてみることにした。「さっきは 3 を使って式を作っているのに，今度は $\frac{1}{2}$ を使っていないね」というように。

この発問によって，ようやく$4÷\frac{1}{2}$という式も成り立つことに気付いたのである。

同じような等分除の問題について，5 年生の時にも「小数のわり算」で学習した。けれども，問題 B の場面で$4÷\frac{1}{2}$と立式する発想はなかなか出てこないし，イメージと結びつかない式なのだと言える。

このような過程を通して，$4÷3=4×\frac{1}{3}$であり，$4×2=4÷\frac{1}{2}$であることが見えてくると，「分数のわり算は，わる数をひっくり返してかければよいのではないか」と考える子も出てくる。そのことを，次時以降，別の方法で考えていくことにする。

TANAKA Hidemi

AOYAMA Shoji

MORIMOTO Takashi

OHNO Kei

NAKATA Toshiyuki

SEIYAMA Takao

NATSUSAKA Satoshi

ⓘ 算数授業情報
information

600

算数サマーフェスティバル　オンライン

日　時：7月9日(土)　9：30−18：00

テーマ：「授業で個を生かすために教師の意識すべきことと，具体的手立て」

　※申し込みは裏表紙のQRコードから（申込み〆切：7月8日）

時　程：

9	00	ZOOMウェビナー（Ｗ）入室開始	▽授業公開・協議会・講座が8時間
	30	Ｗ開会あいさつ	▽授業ビデオを止めながら協議会
10	40	Ｗビデオ授業公開❶　6年「単元未定」 　▽授業者　森本隆史 　▽協議者　OB田中博史×筑波算数部	▽教師の言葉かけ，判断力を大事にする森本の授業 ▽フェスティバルに続いて参戦 　OB田中博史先生
11	15	Ｗ講座①（企画検討中）	▽授業力向上講座（基礎板書や基礎発問など）を企画予定
0	5	休憩　ZOOMミーティング（Ｍ）に移動	▽出演　夏坂哲志，盛山隆雄，中田寿幸，大野桂，
1	5	Ｍ講座②（企画検討中）	森本隆史，青山尚司，田中英海
2	20	Ｍビデオ授業公開❷　1年「単元未定」 　▽授業者　大野桂 　▽協議者　OB山本良和×筑波算数部	▽学力差，子どもに委ねるをテーマとする大野の授業 ▽OBとなって初出演山本良和先生
3			
4	15	Ｍ講座③（企画検討中）	▽フェスティバル恒例プレゼント企画有
5	10	Ｍ講座④（企画検討中）	▽チャットで質問などオンライン 　双方向のやりとりを実現
6	00	Ｍ閉会あいさつ	
	30	Ｍオンライン懇親会	▽公開講座後に懇親会も予定
7			
8	00	終了	

（Ｗ：Zoomウェビナー，Ｍ：ミーティング）

> フェスティバルは筑波算数部OBが登場！
> 　今回は，田中博史先生，山本良和先生

601

算数部　SNSアカウント開設

Twitter　　　　Instagram　　　Facebook

@tsukubasansu

@tsukubasansu

@tsukubasansu

算数部7人の授業の板書や実践を発信しています！

『算数授業研究』 支部紹介
branch introduction

　算数授業研究の支部は，雑誌『算数授業研究』の定期購読者6人以上（新規3人以上）で設立できます。現在立ち上がっている8支部を紹介します。

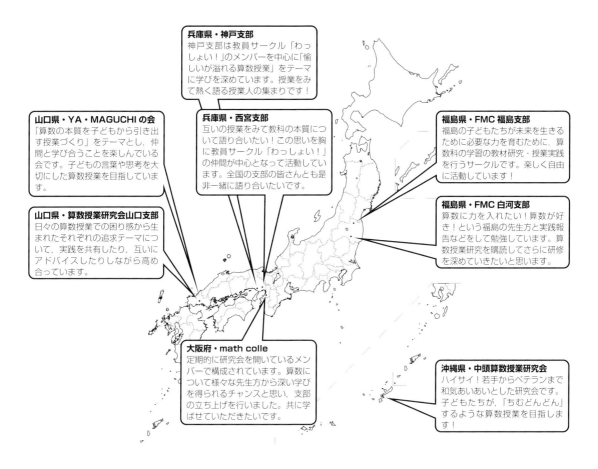

兵庫県・神戸支部
神戸支部は教員サークル「わっしょい！」のメンバーを中心に「愉しいが溢れる算数授業」をテーマに学びを深めています。授業をみて熱く語る授業人の集まりです！

山口県・YA・MAGUCHIの会
「算数の本質を子どもから引き出す授業づくり」をテーマとし，仲間と学び合うことを楽しんでいる会です。子どもの言葉や思考を大切にした算数授業を目指しています。

兵庫県・西宮支部
互いの授業をみて教科の本質について語り合いたい！この思いを胸に教員サークル「わっしょい！」の仲間が中心となって活動しています。全国の支部の皆さんとも是非一緒に語り合いたいです。

福島県・FMC福島支部
福島の子どもたちが未来を生きるために必要な力を育むために，算数科の学習の教材研究・授業実践を行うサークルです。楽しく自由に活動しています！

山口県・算数授業研究会山口支部
日々の算数授業での困り感から生まれたそれぞれの追求テーマについて，実践を共有したり，互いにアドバイスしたりしながら高め合っています。

福島県・FMC白河支部
算数に力を入れたい！算数が好き！という福島の先生方と実践報告などをして勉強しています。算数授業研究を購読してさらに研修を深めていきたいと思います。

大阪府・math colle
定期的に研究会を開いているメンバーで構成されています。算数について様々な先生方から深い学びを得られるチャンスと思い，支部の立ち上げを行いました。共に学ばせていただきたいです。

沖縄県・中頭算数授業研究会
ハイサイ！若手からベテランまで和気あいあいとした研究会です。子どもたちが，「ちむどんどん」するような算数授業を目指します！

　支部の勉強会には，筑波大学附属小学校算数部員が年に一度Zoomで参加します。本誌をお読みいただいているみなさんも，支部を設立して一緒に勉強をしませんか？

1．定期購読のお申込み

　　https://www.toyokan.co.jp/pages/subscribe#public5

2．支部設立のお申込み

　　https://forms.gle/MLB4UzqNGdPZZDQ99

　　※フォームへの入力はお一人につき1件ずつお願いします。

　　※支部名を共有し，正しく入力してください。

3．支部に関するお問い合わせ

　　s.aoyama.tsukuba@gmail.com　　（担当：青山尚司）

定期購読のお申込み

支部設立フォーム

 編集後記
editor's note

◆前号からリニューアルした表紙。4月刊行の140号は春らしいピンク。6月刊行の141号は梅雨夏の新緑のイメージした緑色。今年はコロナ禍前のような水泳学習が少しずつ実施しできそうだと期待も膨らむ。

◆若い頃に授業を拝見し感銘を受けた筑波附小の算数部OBの正木孝昌先生，細水保宏先生，田中博史先生，山本良和先生，立教大学の黒澤俊二先生。授業名人と呼ばれる先生方が，どんなことを考えて算数の授業研究を進めていたのか，その一端を知ることができた。目標とする子どもの姿を具体的にえがき，見取ることはどの先生も触れていらっしゃった。一方で，何を焦点化していくのか，目標も教師の成長も，重点を決めていくことが大事だ。

◆座談会では，個人の力量を高め方，若手や同僚と協働的に学び方など，示唆に富む話がたくさんあった。授業力をつけるために，授業や板書や本などを真似るから自分で試すステップがある。指導書の目標をそのまま記した指導案を拝見することもあるが，まずは自分の言葉で書き表すことから始めたい。

◆算数授業力と一言にいっても，その視点は多岐に渡ったが，どの先生方にも共通しているのは，「子どもたちのために──」という熱い思いであった。現場の教員として働けるのは長くても40数年。子どもたちと一緒に算数授業ができること，共に学べることは貴重で，幸せなことなのだと改めて感じる。

◆年齢が上がって読み返した時にも，新たな気付きの生まれる1冊になったと思う。最後に貴重なご示唆をいただいた先生方，編集作業をいつも遅い時間まで支えてくださっている東洋館出版社の石川夏樹様に厚く御礼を申し上げます。 　　　　　　　　　　（田中英海）

 次号予告
next issue 　　　　　　　　　No.142

特集　算数授業における「聞く」を考える

授業の中で，しっかりと「聞く」ことができているだろうか。子どもも教師も。

協働的な学びを実現するには，「聞き合う」ことが大切だと言われる。では，「聞き合う」とはどうすることだろうか。それは，なぜ，大切にすべきなのだろうか。

算数授業で育てるべき聞く力とその具体的な姿を明らかにするとともに，聞く力を育てるために教師はどのように働きかけていくべきかを考えてみたい。

定期購読
subscription

『算数授業研究』誌は，続けてご購読いただけるとお得になる年間定期購読もご用意しております。

■ 年間購読（6冊）5,292円(税込)
　[本誌10%引き！　送料無料！]
■ 都度課金（1冊）980円(税込)
　[送料無料！]

お申込詳細は，弊社ホームページをご参照ください。定期購読についてのお問い合わせは，弊社営業部まで（頁下部に連絡先記載）。　https://www.toyokan.co.jp/

───────────────

算数授業研究 No.141
　　　　　　2022年6月30日発行

企画・編集／筑波大学附属小学校算数研究部
発　行　者／錦織圭之介
発　行　所／株式会社 東洋館出版社
　　　　　　〒113-0021　東京都文京区本駒込5丁目16番7号
　　　　　　電話　03-3823-9206（営業部）
　　　　　　　　　03-3823-9207（編集部）
　　　　　　振替　00180-7-96823
　　　　　　URL　https://www.toyokan.co.jp

印刷・製本／藤原印刷株式会社
ISBN 978-4-491-04988-5　Printed in Japan

見やすい二色刷り

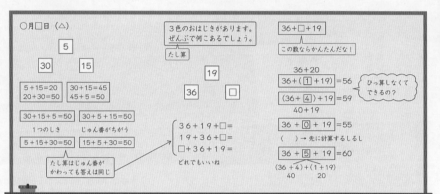

1 表とグラフ
2 たし算
3 ひき算
4 長さ
5 1000までの数
6 かさくらべ
7 時こくと時間
8 三角形と四角形

本時案

おはじきは全部で何個あるのかな？ 11/11

本時の目標
・3口のたし算場面を通して、たし算の交換法則と結合法則が成り立つことや、式の中に（　）を用いる意味を理解することができる。

本時の評価
・たし算の交換法則が成り立つことを理解することができたか。
・たし算の結合法則が成り立つこと及び（　）を用いて式を表す意味を理解することができたか。

準備物
・おはじきの数を書いたカード

授業の流れ

1 全部で何個あるでしょう？

問題場面を提示し、おはじきの個数を書いた3つのカード（30、5、15）を見せる。子どもは、たし算の場面だと判断し、個数を求める式を書く。そしておはじきの数は、2つの式でも1つの式でも求められること、足す順番が変わっても答えは同じだということを確かめる。

何色のおはじきの数から足してもよいので、たし算の交換法則が成り立つ意味が理解しやすい。

2 たし算は順番が変わっても答えは同じだから…

もう1組のおはじきの数（36、□、19）を示す。ところが、1つの色のおはじきの数は決まっていない。後で数を決めることを伝え、1つの式に表すことにする。

3 「36＋□＋19」の計算が簡単にできる数を入れよう！

「36＋□＋19」の□の中に、この数だったら簡単に計算できると思う数を書き入れさせると、上のような数を入れている。

4 どうしてその数にしたのかな？

友達が□の中に入れた数の意味を考える。
「1」は「1＋19＝20」になるから簡単だと言う。また、「4」の場合は、「36＋4＝40」になるから簡単で、どちらも足すと一の位が0になる数にしていることが分かってくる。
さらに「5」の場合は、これを4と1に分けて、「36＋4＝40」と「1＋19＝20」にしていることも理解される。

まとめ

たし算は足す順番を変えても答えは変わらないこと、そして、3口のたし算の場合に右側から先に計算しても左側から計算しても答えは変わらないことを確かめる。また、3口のたし算で先に計算することを表す記号で（　）があることを教える。
36＋（1＋19）＝56
（36＋4）＋19＝59
36＋5＋19＝（36＋4）＋（1＋19）＝60

各巻1本の授業動画付

1年(上) 中田 寿幸 「とけい」第2時

2年(上) 山本 良和 「たし算」第11時

3年(上) 夏坂 哲志 「わり算」第10時

4年(上) 大野 桂 「倍の見方」第1時

5年(上) 盛山 隆雄 「小数のわり算」第1時

6年(上) 尾﨑 正彦 「対称な図形」第1時
関西大学 初等部 教諭